Ƀ

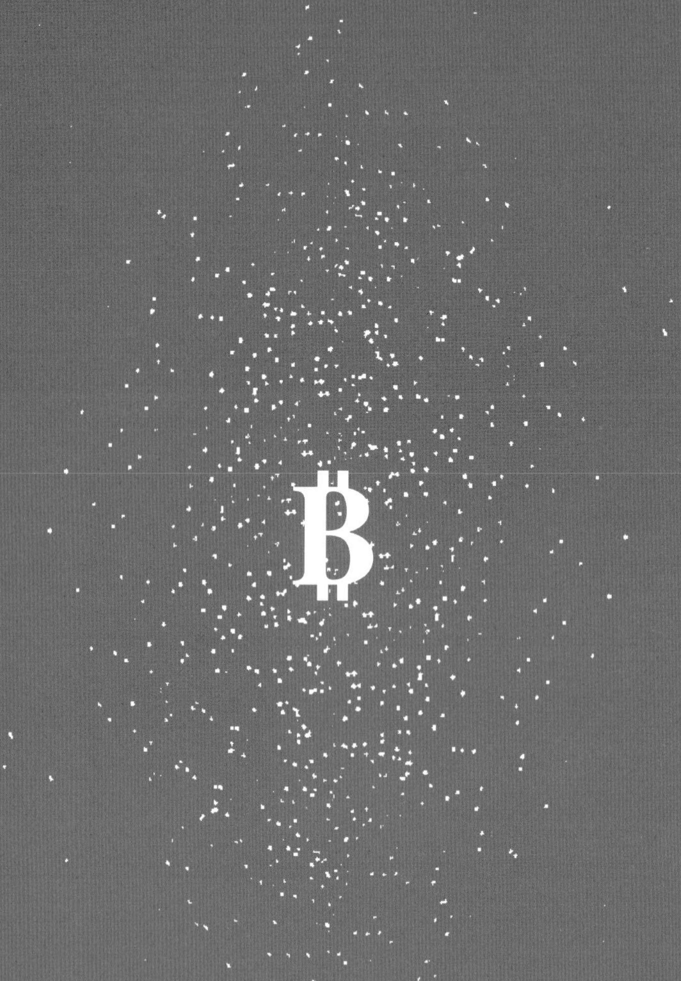

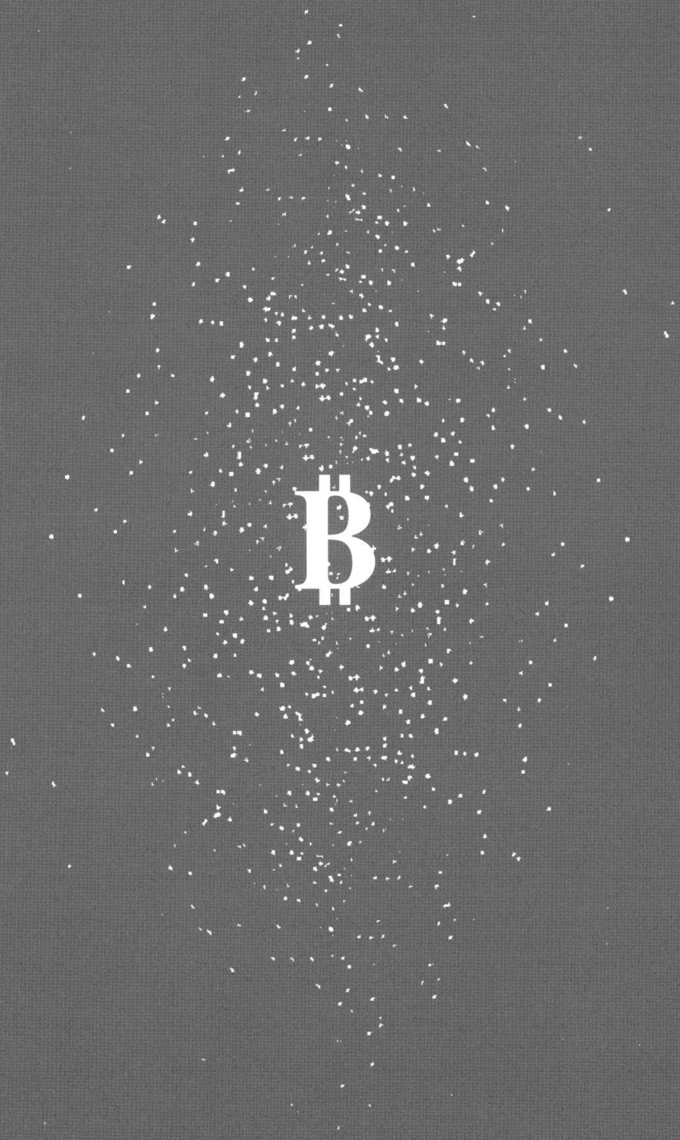

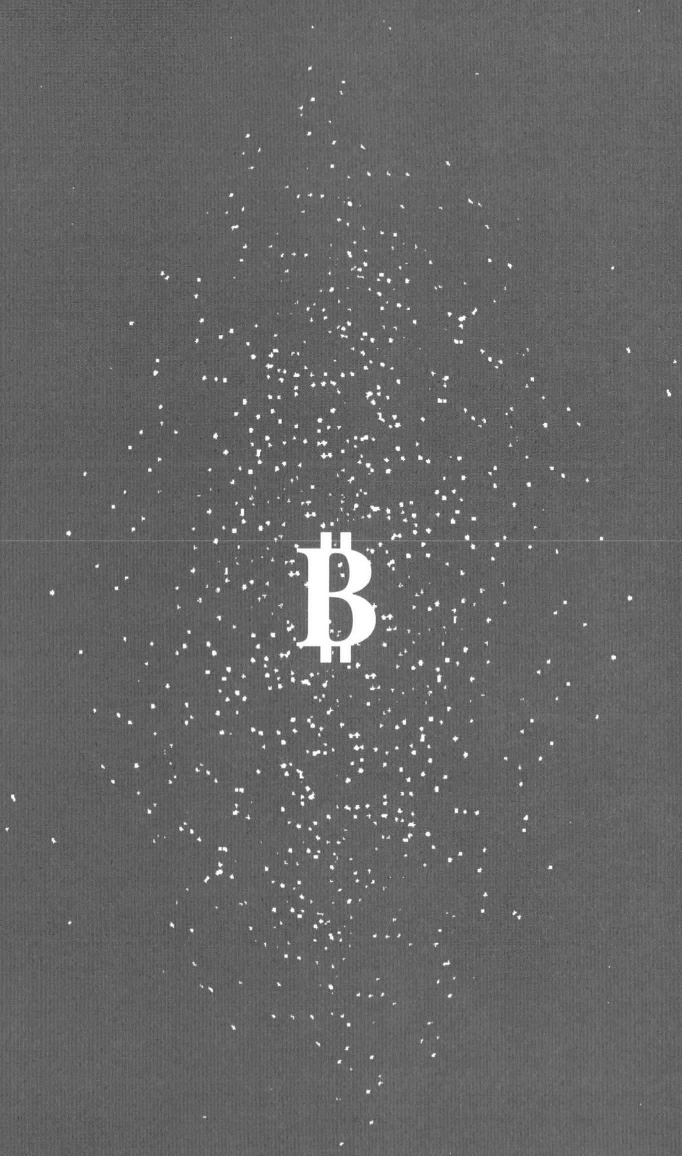

錢進加密貨幣

手上的一顆幣，未來價值是多少？

《 創富新編版 》

13 萬投資人的金融教練

楊比爾 （楊書銘）－著

suncolor
三采文化

當時，我也沒想到，
這段投資加密貨幣的過程，
竟然重塑了我的整個投資觀念。

作者序

牛市到熊市、又到牛市，
我學到了什麼？

「幣圈一天，人間一年」！回顧前一個牛市，經歷了 DeFi Summer、NFT 大爆發，各種賽道與生態野蠻生長。那個時候幣圈大佬在推特上發文就能讓幣價暴漲，新的板塊跟項目如雨後春筍，面對這種情境，我基本上不會做任何的調查，FOMO（Fear of Missing Out，怕錯過）的情緒，促使我盡快進場（Ape in，像猩猩一樣無腦投入）。這個階段的代表是 Doge 狗狗幣，也是我的第一支百倍幣，當年所謂千萬資產的鏡花水月，就出現在這個時候。當然，面對小幣我還有基本的理智，也都是「小資金」投，但事後檢討，陸陸續續也是丟了幾萬美元，這些資金最後基本上都是丟到水裡，這是一個瘋狂的時代。

前一波牛市，市場曾經有兩個高點，一個是 2021 年 4 月的 64,854 美元（幣安），第二個則是 2021 年 11 月的 69,000 美元（幣安）。第一波的下跌，主要是受到美國財

務部長葉倫（Janet Louise Yellen）對加密貨幣的發言，以及中國一系列針對加密貨幣的管制封鎖影響。這對我的交易系統造成了挑戰，因為這些政治或是突發事件，我似乎無法使用技術分析，技術分析只能依據過去的歷史資料。在 2021 年 519[1] 之後，我重新調整了解讀加密貨幣市場的工具，開始更加重視「鏈上數據」。鏈上數據聽起來很學術，但其實簡單來說，它就像是台股投資人很常留意的「融資／融券」或「三大法人進出」這類型的籌碼分析。像比特幣這類型的加密貨幣，所有的移動都會在鏈上留下軌跡。因此確實可以藉由觀察鏈上數據，了解現在投資人的動作。因此第二個高點我能感受到風險的存在，並開始重新配置我的資金，大幅度拉高現金的比例。

---

1 519 血洗日：比特幣、以太幣為首的眾多加密貨幣，幣價在 24 小時內狂跌了 30 ～ 50%。

然而，我低估了熊市的凶猛程度，我的心情變得脆弱和不安，即便我知道可能出現更糟糕的情況。第一個沒有預料到的風險是 2022 年 5 月 Terra 的暴雷，雖然我沒有直接去投資 Terra 的代幣，包含 Luna 或是 UST，但是 Terra 的暴雷其實對整體加密貨幣市場造成一系列連鎖反應。其中，最嚴重的效應就是間接導致了 2022 年 11 月 FTX 的破產，這幾乎要斷送我的加密貨幣生涯。我無法掩飾心中的沮喪和驚慌，只能安慰自己，還好 2021 年 10 月已經提部分資金出來，換了一台特斯拉。

　　熊市的後期，雖然面對滄桑，我仍然持續關注市場動態，並在合適的時候逐漸增加投資部位。熊市就好像是一面照妖鏡，過去包裝在價格狂熱背後的泡沫與謊言，紛紛現形。透過這本書，我重新梳理在加密貨幣市場的第一手貼身觀察，如果你對加密貨幣有興趣，我希望能讓你少走一點彎路。

2023 年 5 月，在一片質疑聲中，牛市再次來臨，我的心態也開始樂觀起來，但我變得更加謹慎、控制風險，同時也事先嘗試預測可能的上漲趨勢，並以此作為我投資策略的新指引。此書寫於比特幣第四次減半之前，同時也面對著過去三次減半都沒遇過的高利率環境，我們將會面對怎樣的挑戰呢？期待跟你一起來揭祕！

目 錄
CONTENTS

3 上車　加密貨幣新手村 入場必讀

4 觀察　泡沫化的魔幻時刻

5 自保　設下防騙結界

6 心態　如何成為頂級玩家

BBB

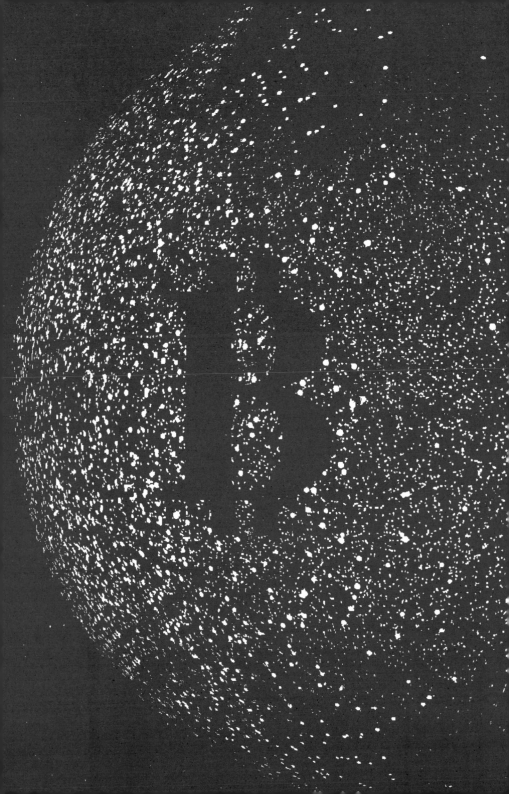

1

時機・

金融變局將至

在「需要資金」和「擁有資金」的人之間
銀行存在的意義就是為雙方建立信任

然而由於體系發展
銀行業務不再由商業需求所推動
而是考慮金融機構自身的利益

隨著加密貨幣的興起
傳統金融「中心化」的模式終於被打破

我媽媽一直問我，到底比特幣可以買什麼？是不是只能買特斯拉？好啦！現在連特斯拉都不能買了，比特幣還有用嗎？

　　時間拉回 2008 年雷曼兄弟破產，引爆金融海嘯，正當各國央行極力救市的當頭，中本聰發布論文《比特幣：點對點電子現金系統》，隔年 1 月 3 日，中本聰挖出比特幣的第一個區塊「創世區塊（Genesis Block）」，暗示「比特幣是為了應對金融危機而生」。

　　正因為比特幣特殊的時代背景，以及中本聰最初的起心動念，許多人剛開始接觸比特幣時，總是想著比特幣是否有一天會取代現金？

　　一般來說，貨幣對社會而言有三個基本功能。作為交易媒介，它允許人們直接以貨幣來購買和銷售商品，而不必勉強雙方以手上現有的物品來以物易物；其次是，價值儲藏，它允許人們的生產和消費發生在不同時間；第三則是作為計價單位，人們可以用它來衡量「財貨與勞務」的尺度。

實物貨幣時代，金銀因具有質地均勻、價值高、便於分割、易於攜帶等屬性，而逐漸成為人們普遍接受的貨幣。金銀被多數人認為具有內在價值，同時又具有貨幣屬性。然而，隨著社會商品價值的不斷成長，黃金儲備無法滿足貨幣發行的需要，這是金本位[2]制崩潰的根本原因。美元與黃金脫鉤之後，貨幣就完全脫離了金屬價值，成為一種觀念上的計量單位。貨幣價值由實物貨幣轉變為由國家信用支持的信用貨幣。

　　從貨幣發展史來看，貨幣最重大的革命性變革就是從「實物貨幣」走向「信用貨幣」。實物貨幣的特點是自身具有內在價值，並以自身價值來彰顯商品的價值，充當商品交換的媒介。而信用貨幣體系則是與國家權威體制有緊密的關係，國家信用成為壟斷貨幣發行的基礎。

2　金本位：所謂本位，就是錨的意思，依據 1925 年的《金本位條例》，英倫銀行有依照標準金的價格賣出金塊的義務，也就是用法律保證了紙幣與金塊的價格對應，確保人們對紙幣的信任。

從貨幣演進程看，貨幣的本質是商品的交易媒介，要讓社會廣泛接受，必須要有實物或者信用支持。隨著社會發展，貨幣的形式不斷演進，由實物黃金到紙黃金，再到國家信用支持的法幣。而加密貨幣則是密碼學創造的新工具，它能否成為貨幣史上的又一次革命性變革和新的里程碑，值得持續觀察。

傳統金融的終局？

　　希臘語中「銀行」是指銀行家們算錢的一張桌子，而不是一個地方或一棟建築。這張桌子並非普通的桌子，是一塊大理石板，表面有兩組線條，左右各有幾組數字，用籌碼在線條上移動來計算。對，你想得沒錯，它的作用就跟算盤一樣，差別在於算盤是算珠在竹串上移動，而銀行桌則靠籌碼在石板線條上移動。

　　金融對一個國家的重要程度，其實遠超過你我的想像。很多人揣測羅馬衰敗的原因，有人說是野蠻人入侵，有人說是羅馬政治的腐敗。但觀察羅馬從興盛到衰弱的過程，有個重要主角扮演了舉足輕重的角色，那就是貨幣。原本羅馬不產金也不產銀，相較於當時的希臘，羅馬簡直是窮鄉僻壤，但羅馬打贏迦太基戰神——漢尼拔之戰後，順利取得伊比利半島的金礦及銀礦，從此踏上主導整個地中海世界的康莊大道。

可以說羅馬成為帝國，靠的是金融技術：鑄幣、投資與信貸機構。金融並不是配角，而是羅馬的血脈。

▶ 金融的核心──銀行

金融的核心不能脫離銀行。說起銀行，大家應該覺得很熟悉，銀行開戶、存錢、借錢，都是我們的日常。但你是否想過，為什麼我們需要銀行？在金融科技（Financial Technology，簡稱 FinTech）時代，金融服務是可以被複製的，即使只有符合銀行法規範設置的機構才能被稱為銀行，但可以提供類似功能服務的網站或組織其實也越來越多了。

以銀行為例，金融機構的主要功能大約有三個：金融中介、信用創造、交割結算。換成熟悉話語來說，正對應了銀行的三大業務：存款、貸款、匯兌。金融中介是銀行最主要的功能，簡單來說，就是聚集一批資金（存款），然後以貸款方式分配給需要資金的單位。在過去，大企業對資金的需求十分旺盛，須靠大量擴產做增資，在直接融

資不夠發達的年代，透過銀行的間接融資（借貸）便是非常重要的管道。

然而，現在大企業的資金需求已經降低，就算有，也可以透過股票或債券來籌措資金，而資金需求逐漸轉為中小企業或是個人。從這個角度想，銀行是否有充分發揮了金融中介的功能呢？答案是否定的。因為銀行缺乏對中小企業或是個人真實信用能力的評估，導致銀行不敢放款。疫情期間，當央行希望針對中小企業紓困的過程中，甚至要央行總裁親自打電話拜託，可見銀行中介機構的能力已蕩然無存。

那為何我們需要「中介機構」呢？

在「需要資金的人」及「擁有資金的人」之間，存在著資訊不對稱，金融中介機構存在的核心意義，其實是為雙方建立「信任」。銀行在中間所賺取的價差，也就是資金供求雙方建立信任所需付出的成本。現在銀行作為中介機構的能力江河日下，但是銀行的獲利及規模卻與日俱增，這是什麼原因呢？以美國銀行業為例，在金融海嘯之

前，因為資金寬鬆，在追逐利潤的驅使下，次級貸款這種高風險的產品成為金融機構競相投資的對象。如同英國央行蘇格蘭銀行行長馬克‧卡尼（Mark Carney）所說：

銀行業務不再由商業需求所推動，而是由銀行自身的需求推動。資本市場的各種交易不再關乎客戶利益，變成單純的交易。新金融工具的設計不再是為了實體企業對沖信用風險，而是利用各種可能增加金融機構本身的利潤。

因此，新時代的金融需要進一步降低「將儲蓄轉換為投資（放款）」過程中的交易成本。而要降低金融中介的成本，就需要降低資金兩端因為資訊不對稱，或是道德風險所導致的建立信任成本。舉例來說，中小企業拿了錢是真的有訂單要生產嗎？借錢的人有能力償還債務嗎？金融中介的底層技術、金融活動的組織形式、業務流程與規範、基礎設施等等都需要重新打造，才能滿足新時代金融降低建立信任成本的需求。

金融體系發展過程中，銀行不斷聚合各種功能，形成龐然大物，但每一項功能若透過科技以不同的方式結合或拆開，便能回歸使用者的真實需求。例如，以電子支付改進了支付環節，讓過去僅能用現金收付的小商家、個人，有了更簡便的體驗，彌補傳統銀行在支付服務上的空白，大大提高了效率，甚至促成了純網銀的誕生。

但即使純網銀可能對傳統金融中介產生衝擊，網路金融模式也並非無懈可擊。首先，網路雖讓資訊更容易取得，但並不能保證其真實性和準確性。其次，許多社群平台或網路金融服務，都是利用自己的海量客戶資訊作為大數據，如交易紀錄、搜尋偏好、支付習慣等等，但這些數據並沒有形成流通，不同客戶的資訊壟斷在不同網路巨頭手中，缺乏一個共享機制，形成資訊孤島效應。

此外，數據的集中存儲增加了個人資料洩露風險，私人數據的所有權和使用有可能被掌握大數據的企業濫用。也因此，隨著科技進展，我們想像中的金融似乎即將有新的蛻變。

▶ 為何金融注定不穩定？

人類歷史中無數次陷入景氣的循環週期，明斯基（Hyman Minsky）提出金融不穩定假說（Financial Instability Hypothesis，簡稱 FIH）而享譽於世。當全球金融危機來襲，學者稱之為「明斯基危機」或「明斯基時刻」，藉此表彰他的研究貢獻。直覺上，如果你今天在路上隨便抓一個路人問他，覺得市場經濟活動是不是穩定的？路人可能會說「不穩定」；但如果剛好問到一個經濟學家，他會告訴你：這個不穩定只是一個過程，「一隻看不見的手」最終會將市場經濟活動導引到「均衡」的狀態。整個經濟學的演進過程，都在追求最終的「均衡」狀態。

明斯基早在 1986 年著作的《穩定不穩定的經濟》提出了金融不穩定性的假說，但一直要到 2008 年金融海嘯，學界才重新認識到他的觀點，此時距離他過世已經有 12 年之久了。

為何金融注定不穩定？這必須從金融市場的主要參與者談起了，也就是銀行。這裡所說的銀行，不是中央銀行，而是一般的商業銀行。經濟學家經常一上來就假設「錢是從天上掉下來的」，掉到手中成為資產。

　　但現實世界不是這樣的，每個人手裡的「錢」來自別人的負債。在美國，硬幣是財政部的債務，紙幣是聯準會的負債，活期存款是銀行的負債。大部分人認為銀行是吸收存款再拿來放貸，但是明斯基指出，任何時候銀行需要現金滿足取款需求，都不會去找存款人，而是轉向中央銀行。中央銀行則會運來現金塞滿銀行的 ATM（自動提款機）。相應地，中央銀行則是在銀行準備金項目記上一筆。

　　隨著時間推移，現金餘額越來越多，因為銀行支出的現金多於收回的現金（所有市面存在的現金都是從銀行ATM 領出來的）。假如銀行準備金不足會怎樣？中央銀行會不會拒絕付現？不會。中央銀行會出借準備金來滿足現金需求。

　　也因此，一般大家談到「印鈔票」，就會想到聯準會或是中央銀行。但其實整個市場印出來的鈔票，中央銀行

只占一小部分，因為它們提供的只是準備貨幣，透過商業銀行的貨幣乘數更能創造出源源不絕的貨幣。

銀行是怎麼印鈔的呢？當然就是透過借貸，當景氣好的時候，銀行會急著想把錢借出去。擴大支出和資產購買需要融資，只要銀行願意提供融資，那廠商就能源源不絕地擴大生產，而資產價格（例如股價）就會提高。

花旗集團前任 CEO 查克‧普林斯（Chuck Prince）曾如此描述：「只要音樂奏響，你就必須起身跳舞。」如果每個人都在放款，那麼你的銀行也不得不放款。但是當音樂停歇，你突然發現手上持有著各種不好的、無法出售的資產，這時候銀行就會「雨天收傘」急著想要收回貸款；甚至在互相踩踏之下，各種貸款以及資產價格均會出現崩潰式地下跌。對明斯基而言，現代的景氣循環就是金融循環。

▶ 新世界降臨

正如銀行會助長經濟繁榮一樣，銀行也會加速經濟崩潰。明斯基對金融的脆弱性提出了著名分類，其中最不安

全的是「龐氏融資（Ponzi Finance）」。龐氏融資是指收入甚至無法償付利息，因此負債方必須不斷依賴借款來償付利息（貸款餘額隨著貸款到期持續增長）。如果收入下滑或者利率提高，那麼投機融資會轉變成龐氏融資。近期的金融危機表明，龐氏融資也可能是金融業放貸標準不斷放寬所導致的結果。很多家庭在 2007 年之前透過龐氏融資獲得住宅抵押貸款，但其實他們的收入根本沒辦法支應貸款。

也因此，銀行「順循環」的放貸行為強化了景氣循環，增加了不穩定性。我們可以把銀行看作景氣循環的加速器，而且作用於正負兩個方向。當企業對未來持樂觀看法時，工廠和設備的投資就會增加，從而創造就業和收入；當預期變壞時，投資支出和就業也會隨之降低。

累積了上百年的人類智慧，銀行成為現代金融的基礎，然而經歷了一連串危機之後，人們意識到銀行儼然已經變身為大到不能倒的巨獸。來到數位時代，我們依舊需要金融，但我們真的需要「銀行」嗎？

2009 年比特幣出現之後，區塊鏈技術就被視為將對傳統金融帶來新衝擊。首先，區塊鏈具備「去中心化」特質，這表示很多交易都能夠以「點對點」的方式直接進行，不需要再透過傳統金融中介機構來完成。以跨國匯款為例，以往必須依靠不同的資訊傳遞協議和結算協議，在全球各個銀行、中轉行進行處理，使得跨國匯款耗時又昂貴。如果應用區塊鏈技術，便能繞過傳統跨境轉帳的繁雜系統，在付款人和收款人之間創造更直接、迅速的付款流程，而且無須中間手續費。如今，連中國央行與阿聯酋央行都已經宣布運用此技術，以挑戰現有的跨國匯款限制。

　　目前許多區塊鏈應用在各方面都顯示出巨大的潛力，其中最受矚目的「去中心化金融（Decentralized Finance，簡稱 DeFi）」已迅速成為眾多資金追捧的細分市場之一。在 DeFi 的世界裡，貨幣和銀行基礎架構不再是某個中心化實體，而是真正屬於所有的市場參與者，金融網路也不再於中心化的伺服器上運行。英國的《經濟學人（*The Economist*）》雜誌曾在 2015 年的一篇文章中提到，區塊鏈是一台創造信任的機器，它讓人們在互不信任並且沒有中

立機構的情況下做到相互信任和相互協作。而「信任」其實就是金融運作的基石。金融機構之所以存在，就是因為它們扮演了創造信任的角色。

在現有的金融系統中，無論是最基本的存取款、轉帳，還是貸款等金融服務，都是由中央系統統一控制調度；**而 DeFi 則希望通過分布式協議建立一套具有透明度、開放性、包容性的點對點金融系統，將信任風險最小化，讓參與者更輕鬆、便捷地獲得融資。**與傳統的中心化金融系統相比，DeFi 平台具有三大優勢：

1、有資產管理需求的個人無須信賴任何中介機構。

2、任何人都有訪問權限，沒人有中央控制權。

3、所有協議都是開源的，因此任何人都可以在協議上合作構建新的金融產品，並在網路效應下加速金融創新。

DeFi 不僅將信任對象從人轉移到了代碼上，而且還有可能實現巨大的網路效應，為全球金融市場構建了真正的信任基礎。

然而區塊鏈距離要接管傳統金融領域，恐怕還有很長的路要走，它的應用可能受到現有監管機制和法律的約束。舉例來說，區塊鏈「去中心」的目的在於：不能讓一切都是被少數人控制的強大中心；同時，在區塊鏈中，每個節點地位、權利均等，在這種公平的機制條件下，大小組織機構，甚至是國家，都可以自由地成為無數節點中的一員，受到系統公平的對待。然而，這難免會造成去中心化以後，監管更加困難的狀況，例如，既然所有的決策都是由社群投票所做的決定，那麼監管機構到底要對誰下指令呢？

　　總之，網路金融科技的發展，確實加速了金融服務的普及，但是要進一步降低金融中介的成本，可能會需要透過區塊鏈，然而不論最後是什麼技術，我們還是要知道，最終金融服務的關鍵不在技術，而是技術背後能夠定義美好和實現美好的人。

加密貨幣是什麼？

　　無論是比特幣或是其他加密貨幣，某種程度上都體現了「貨幣非國家化」的思想。這個觀點最早由英國經濟學家哈耶克（Hayek）在 1970 年代提出。由於央行貨幣發行容易受政府干預，導致西方各國普遍爆發嚴重通貨膨脹，為了控制通膨，學術界展開了廣泛討論，提出許多思想主張：首先是，以傅利曼（Milton Friedman）為代表的貨幣學派強調「控制貨幣數量」。受此觀點影響，各國推行了一系列改革，包括加強央行獨立性、引入貨幣政策規則、建立通貨膨脹目標等。

　　其次是哈耶克提出的「貨幣非國家化」理念，其核心論點是認為，只有廢除各國政府對貨幣的壟斷才能實現價格水準穩定。哈耶克在書中提出了一個革命性建議：廢除中央銀行制度，允許私人發行貨幣，並任由展開自由競爭，而這個競爭將是發現最佳貨幣的過程。哈耶克認為，

一旦允許公眾自由選擇，公眾會選擇幣值穩定的通貨，並拋棄幣值不穩定的通貨。而發鈔業務的競爭將促使各發鈔行不斷調整自己的通貨供應量，來確保通貨幣值穩定，從而實現物價水準的穩定。

然而，哈耶克設想的非國家化構想其實很難實現，基本上來說，沒有任何一個主權國家會願意放棄自己的發鈔權，也因此他的貨幣非國家化理念難以成為現實。

一切的根本還是回到「貨幣政策」上。貨幣政策是國家調節經濟的最重要手段，這幾十年下來，各國央行充分利用貨幣政策來影響經濟的發展走向，相信大家都不會感到陌生。1970 年代後，石油危機的出現，各國普遍出現高通膨和經濟成長停滯的現象。貨幣學派把貨幣政策作為總體經濟調節的主要工具，在物價穩定和促進經濟發展上發揮了明顯的效果。近期的新冠疫情以及 2008 年的金融海嘯，美國實施量化寬鬆的貨幣政策，也取得了明顯成效。可以說，貨幣政策與稅務、警察、法院等一樣，是現代國家運行的基礎，是國家機器的重要組成部分。只要國家的

型態不發生根本性變化，以國家信用為基礎的貨幣體系就將始終存在。

▶ 加密貨幣 vs. 貨幣

現代國家根據商品生產和交易的需要發行「法幣」，也就是具法律保證的貨幣，並透過中央銀行調節保持法幣的價值穩定。即使隨著技術的進步，單一紙幣發展為電子貨幣等多種形式，其背後依然是國家信用的背書。相對的，**基於社群創造和發行的加密貨幣並不是真正意義上的貨幣，除了欠缺國家信用支持，也缺少中央調節機制。也因此，加密貨幣的價格波動劇烈。**

以比特幣為例，它是利用加密技術演算法產生的一串代碼，不同於黃金，本身不具有自然屬性的價值。比特幣能否成為交換媒介，完全取決於人們的信任度。

其次，比特幣數量規模設定了上限，就好像黃金與白銀受限於天然儲量一樣。儘管數量有限這件事，讓許多人認為比特幣優於其他加密貨幣，甚至可以媲美黃金，但正

因如此，比特幣有限的數量與不斷擴大的社會生產和商品流通之間存在矛盾，若成為主要貨幣，將導致通貨緊縮，抑制經濟發展。

此外，在加密貨幣身上似乎還存在一個悖論：一方面，人們希望去中心化技術和發行數量的限制，可以確保加密貨幣價值的穩定；但另一方面，國家需要依靠貨幣政策調控經濟運作，而這恰好需要中心化的系統安排。因此到目前為止，加密貨幣無法同時兼顧人們對幣值穩定的追求和對貨幣政策的需求。此一悖論也就代表了──人們必須在追求「幣值穩定」和「利用貨幣政策調節經濟」之間做出選擇。

▶ 新價值世代的覺醒

馬克・庫班（Mark Cuban）這位 NBA 達拉斯獨行俠球隊的有錢老闆，1958 年出生在美國賓夕法尼亞州的匹茲堡，從小家境並不富裕。為了滿足生活所需，庫班的童年，就是不斷在找尋各種低買高賣的機會。1971 年，當時

匹茲堡的報紙業正在罷工，此時庫班年僅 12 歲，他搭車前往鄰近的城市克里夫蘭，用每份 0.25 美金去購買各類型的報紙，然後在匹茲堡以超過 4 倍的價格賣掉。從小就有集郵興趣的他，靠著低買高賣五花八門的郵票，賺到了 1,100 美金，並藉此負擔昂貴的大學學費。

　　熱衷於集郵的庫班很快意識到這個市場的運轉效率十分低下，即使同一張郵票在同一場郵票展覽中，也會以不同價格出售。他發現只要購買郵票後能夠快速出售，賺取價差的機會非常高。因此，他迅速地從郵票收藏家變成了郵票「投資家」，試圖將郵票市場的低效率運轉成為自己的「獲利優勢」。但以庫班蒐集郵票為例，他平常就必須非常小心地保存這些實物，當要出售時，這些實體物在運輸過程中還存在相當大的風險。在很多行業裡，這些牽涉到人對人的交易，因此傳統系統中存在著各種風險和成本，所有這些都是非常昂貴、費時，而且惱人的。他明白童年買賣郵票的日子，可謂市場效率低下，且容易被特定掌權者壟斷。

在威權之下，絕大多數市場參與者都會被迫服從，直到他們受不了這些做法，才會開始反抗。遊戲驛站（GME）[3] 先前發生的軋空事件[4]，可以說是一個「新價值世代」覺醒的警訊，但華爾街巨頭們似乎還渾然不知。

此話怎講呢？對於許多人來說，把加密資產看作是一種價值儲藏可能仍是個瘋狂的想法。對他們來說，加密資產沒有內在價值，只不過是空洞的「數字表示」而已。傳統投資者總是會說：「你需要擁有一些『有形的』東西才能使它有價值，否則很難應對欺詐行為。」比如黃金就是最具歷史性和可見性的價值儲藏之一。因為古往今來它都扮演了貨幣基礎的角色，錨定了貨幣的價值，更是抵禦通貨膨脹的對沖工具。

3　GME：美國電子遊戲、消費性電子產品與無線服務銷售商。
4　軋空：當投資者認為某檔股票會跌，便先向經紀人借用該檔股票賣出，之後再於低價買入並歸還，以賺取其中價差。當股票未如預期下跌，投資者們爭先恐後地買進股票返還經紀人時，會導致股價快速且危險地上漲，稱為軋空。

事實上，除了有足夠多的人相信黃金敘事以外，黃金沒有任何獨特或特殊之處。其他包含：藝術品、汽車、郵票和許多其他「收藏品」也可以被視為價值儲藏，人們之所以要「儲藏」，原因之一是他們需要擁有物資作為實體存在和稀缺性確認的證據。在區塊鏈誕生之前，「實物」投資似乎是人們唯一的價值儲藏手段。

　　但是在網路世界中長大的新生代都知道，即使不擁有實體，他們也知道什麼東西有價值。譬如說「音樂」過去被刻錄在 CD 上，但現在上網就能收聽，這些音樂依然是有價值的。這些「網路原住民」傾向於相信，比起傳統定義上看得見、摸得著的實物，智能合約（以及它們所代表的加密資產）才是更好的投資。

　　當我們改由透過區塊鏈進行數位商品分配、存儲和維護的智能化管理時，沒有任何一方能壟斷交易，同時礦工還會競相確認交易。因此，如今由區塊鏈驅動的資產已合法地成為了價值存儲最好的工具。當然，這並不代表數字商品和加密資產市場已臻完美，但越來越多的投資者認

為，因為沒有中心化權力機構，年輕投資者可以透過自己的努力獲得回報，無須政府機構或大企業支持。他們喜歡自己作主的感覺。

總結來看，股票、黃金都只是價值的一種存儲形式，與過去歷史上出現過的其他價值存儲一樣，後一代價值存儲總是勝過前一代。權力越分散，集體合作產生的力量就越大，一種 New Money 正在形成。

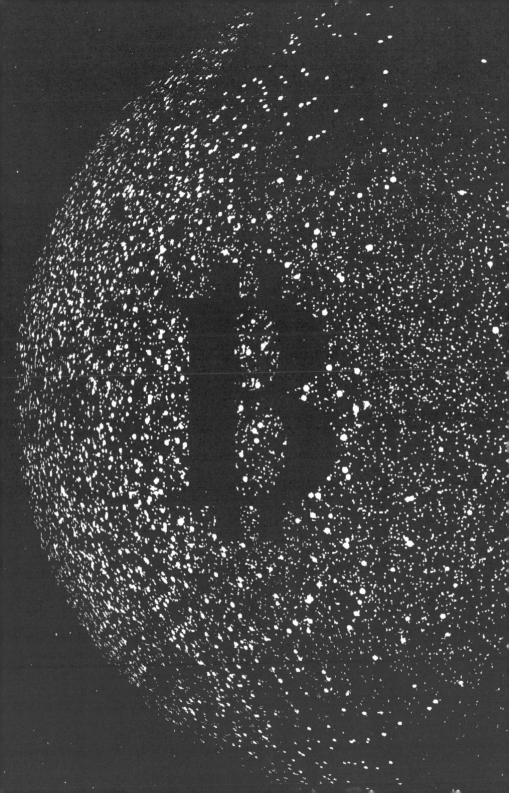

2

跡象・
有錢人為何開始買
加密貨幣？

美國國債已達 34 兆美元
且每 100 天會增加一兆

傳統資產的相關性越來越高
建立風險平衡的投資越來越困難
有錢人打帶跑，紛紛用加密貨幣避險
身為小資新手也能站上風口，一飛沖天

加密貨幣的潛力

　　經歷過 2022 年加密貨幣市場的狂風暴雨後，許多曾不可一世的加密巨頭在市場風向巨變時，瞬間土崩瓦解。不得不說，加密貨幣原生機構們的貪婪與投機是最終自食惡果的導火線。原本占據這個生態可以跟華爾街大佬一拼的巨頭們一個個倒下。在加密貨幣交易所 FTX 的創辦人山姆·班克曼 - 佛瑞德（Sam Bankman-Fried）與幣安創辦人趙長鵬因非法行為陷入困境之時，華爾街卻能好整以暇地去扎根這片新的商業疆域，並收割牛市回歸的利潤。

　　根據數位資產公司 Laser Digital 的調查，高達 96% 的機構投資人認為數位資產提供了傳統資產類別之外的投資機會，且投資標的是否得到大型傳統金融機構支持對他們來說極其重要。

　　由於傳統的比特幣投資方式包括直接購買比特幣、購買比特幣期貨或選擇權等，對於不熟悉科技的散戶投資人

而言，他們可能會對直接投資加密貨幣感到畏懼，因為他們需要先擁有一個錢包，並在不熟悉的交易平台上進行交易。因此，他們更傾向透過 ETF（Exchange Traded Fund）來進行加密貨幣投資，這種方式更能駕馭他們的不安。

如今，華爾街大老貝萊德推出的比特幣現貨 ETF，讓機構投資人對投資的信心大增。2024 年初，幣安敗走中東杜拜，同一時間華爾街成功推出比特幣現貨 ETF，果然吸引了眾多投資，還靠著比特幣今年超過 60% 的價格上升與巨額手續費，賺取了豐厚的利潤。此外，SEC 於台灣時間 5 月 24 日凌晨正式批准 8 檔以太坊現貨 ETF。

▶ 效益①分散風險，平衡投資組合

如果投資者持有一籃子的資產，其中包含低相關性的資產，則更可能得到風險平衡後的報酬，也就是分散風險的效果。過去 20 年，我們似乎相信股票與債券的走勢是相反的，但這個關係在疫情後可能反轉了。資產間的相關性正在升高，包含股票與債券、國際股票與美國股票的相關

性都提高了，投資人可以得到的多元化收益也就變得越來越有限。在跨資產的相關性增加的情況下，建立一個風險與回報間達到平衡的投資組合變得更加困難，而比特幣剛好可以滿足這個需要——其價格走向並未完全依賴於傳統的風險資產，因此，比特幣一直被認為能夠幫助投資組合實現多元化。

▶ 效益②潛在對沖工具

加密貨幣的價格波動性極高，這意味著投資者有機會獲得超過傳統金融市場的回報。隨著危機的警告越來越多，一些投資者正在探索比特幣作為一種潛在的對沖工具。

貝萊德首席執行官賴瑞·芬克（Larry Fink）今年1月表示他現在是比特幣的忠實信徒。他指出：「如果你在一個國家，擔心你的未來，害怕你的政府或者害怕你的政府因過多的赤字而使貨幣貶值，你可以說這是一個巨大的潛在長期價值儲存手段。如我所說，它就像數位黃金。」

著名投資者、個人理財暢銷書《富爸爸窮爸爸》（*Rich Dad Poor Dad*）的作者羅伯特‧清崎（Robert Kiyosaki）多次警告美國國債不斷膨脹，敦促投資人在購買黃金和白銀的同時購買比特幣。他還預言了美國帝國的終結，將類似羅馬帝國的滅亡。

此外，富豪們也看好加密貨幣的未來發展潛力。隨著區塊鏈技術的發展和應用，加密貨幣的價值可能會進一步提升，因此，許多富豪選擇投資加密貨幣，以期待在未來獲得更大的回報。

▶ 效益③美國債台高築，富人打帶跑

另一個讓富人夜不能寐的原因是美國政府持續上升的債務問題，當前美國的國債已達 34 兆美元，每 100 天會增加 1 兆，並且這個數字還在持續上升。理想上，解決債務危機的方法包括削減政府開支、對富人加稅以及堵住各種漏洞，這就是為什麼富人們容易被「說服」去購買比特幣以及其他硬資產的原因。

目前全球對於比特幣的需求量非常高。比特幣與一般股票最大的差異是，這是一個全球流通而且購買不受國籍限制的商品。舉例來說，如果你是一個在台灣生活的外國人，即使你非常看好台灣的股票，你想買台股也是困難重重。相對的，如果你對比特幣或其他加密貨幣有興趣，你可以輕易地在全球各個角落買到。這也意味著，有越來越多人開始認識比特幣，並對這種加密貨幣進行投資。

　　由於美國政府缺乏財政紀律，美國政府不負責任的舉債和不計後果的支出可能對世界上最大的加密貨幣「比特幣」是一個長期利多。且加密貨幣的去中心化特性使得加密貨幣不受任何政府或中央銀行的控制，因此，富豪們可以透過投資加密貨幣來避免政策和貨幣風險。

小資入場，
跟著富人的風口一起飛

　　台灣投資人之所以覺得比特幣風險高，而台股風險低，其實只是一種心理偏誤，學術一點的說法叫「本地偏差」。也就是投資人偏好購買自己距離（包含地理位置、文化圈）接近的股票。但是本地偏差，恰巧最容易造成「雪上加霜」的情況。舉例來說，你領薪水的公司、生活圈都在台灣，如果台灣遭遇風險，你的公司、你投資的股票又都在台灣，這就會造成雪上加霜的結果。公司經營中斷，你收入沒了，而且你投資的股票也可能沒了，這種風險是巨大的，而分散配置部分資產到比特幣，可以達到降低風險的效果。

▶ 台股比加密貨幣還危險？

2022 年第三季，巴菲特（Warren Buffett）的波克夏首次進軍台積電，在給美國證券交易委員會（SEC，以下簡稱為證監會）提交的 13F 季度報告[5]時正式對外公開。報告顯示 2022 年 7 月至 9 月期間，他們首度大膽購買了約 6,010 萬股的台積電 ADR[6]，總金額超過了 41 億美元。由於波克夏此前鮮少大賭科技產業，市場一度對他們這種行為反應劇烈，使得台積電 ADR 的價格在一夜之間狂飆 7%。

然而才短短一個季度的時間，2023 年 2 月，波克夏卻宣布將手中的台積電股票大幅減持，比例高達 86%。它們

5　13F 季度報告：Form 13F 是機構人提交的季度報告。根據美國證監會的規定，管理資產規模超過 1 億美元的機構，需要在每季結束後的 45 天內揭露所有管理的股權資產（股票、ETF）的多頭部位。

6　ADR：美國存託憑證（American Depositary Receipt），指已經在美國以外地區掛牌上市的外國企業，透過將它的外國股票交給美國存託銀行，然後由存託銀行發行 ADR，這樣外國公司的股票就可以在美國市場上流通，也為美股投資者帶來更簡單方便投資國外公司的管道。

的持股數量從最初的 6,010 萬股 ADR，銳減至僅剩下的
829.27 萬股。

　　巴菲特購買台積電的原因可能有多種。首先，台積電
是全球最大的半導體製造商，具有強大的市場地位和技術
優勢。其次，隨著科技行業的快速發展，半導體的需求也
在不斷成長，台積電的業務前景看起來相當光明。最後，
台積電的財務狀況也相當健全，具有穩定的現金流和高毛
利率，這可能吸引了巴菲特的注意。

　　然而，巴菲特快速撤離台積電的原因也可能與台股的
高風險性質有關。雖然台積電的業務表現強勁，但其股價
可能受到許多不確定因素的影響，包括地緣政治風險、匯
率風險、以及科技行業競爭環境的變化等。這些風險可能
導致台積電的股價波動大，對投資者來說風險較高。其
中，兩岸關係的地緣政治風險，可能是最大的風險。台積
電的風險可能超出了他的掌控範圍，因此選擇撤離台積電。
　　由於台灣是出口導向型經濟體，經濟狀況與全球經濟
環境緊密相連。全球經濟環境的變動，尤其是美國和中國

等主要貿易夥伴的經濟狀況，都會對台股產生重大影響。其次，台股的權重**主要集中在半導體科技類股**，這是因為台灣的半導體產業在全球具有領先地位，並且在台灣經濟中占有重要地位。然而，這種集中的情況也使得台股的表現在很大程度上受到半導體產業的影響，如果該產業出現任何不利的變化，都可能對台股產生重大影響，增加了投資風險。

另外，歷史上，**兩岸關係對台股的影響深遠**。當兩岸關係緊張時，由於投資者對未來的不確定性增加，台股的波動性會提高，導致投資風險增大。例如，1996 年台海危機期間，台股市場就曾經出現了大幅度的下跌。加上今年中國一直持續增加對台灣在軍事以及國際上的壓迫，都對投資人的心理造成壓力。

最後，台灣位於環太平洋地震帶，**台灣地震的風險也一直是投資人難以控管的風險**。地震可能導致基礎設施損壞，影響生產和運輸，進而對企業的營運和獲利能力產生

影響。雖然受 921 地震影響，包含台積電在內及其他產業都已落實抗震方案，且半導體生產場所的建造均考慮到抵禦台灣常見的地震，但以 2024 年 4 月的花蓮地震為例，10 個小時的晶圓生產中斷，還是為台積電帶來超過 6,200 萬美元的經濟損失。

相對來說，比特幣很適合作為台灣投資人分散風險的工具。我並不是說買了比特幣就不怕中共的飛彈或是地震，而是**比特幣作為戰爭保險的可行性主要來自於其去中心化的特性。無論任何國家或政府的狀況如何，比特幣的價值和交易都不會受到影響**。這使得比特幣在戰爭或政治動盪時期成為一種保值和避險的工具。比特幣數位化而且便於攜帶的優勢，也是實體黃金所沒有的。某位台灣知名主持人兼作家就曾經說過，他購買比特幣還有一個原因，就是萬一要逃難的時候，只要他還能逃出去，在國外的任何一個角落，他都能夠用比特幣換成資金，至少可以維持一段時間的生活所需。

▶ 雞蛋不要放在同一個籃子

我想談談小資金的投資人要不要做資產配置這個問題。當然這裡單純談投資面商品的配置。我的想法是還是必須要的，即使有很多人會說，資金小的時候就要「專注顧好眼前這個雞蛋」，而不是分散在好幾個籃子。

我的概念是小資金的時候，其實多數投資人的經驗不足，也並非對各種不同商品都有足夠的認識，因此**分散在不同的籃子是給你賺經驗值的，最終你會從好幾個籃子逐漸收斂出最適合你的那個一、兩個籃子，然後你就可以專心地顧好它**。這也是為什麼很多投資專家都強調，分散投資是降低投資風險的一個重要策略。因為在投資領域中，沒有任何一種投資是百分百穩賺不賠。每種投資工具都有其獨特的風險和益處，透過投資組合的方式，可以平衡這些風險和回報，進而實現穩定的收益。

分散投資就像是一個保護網，目的在防止你的投資在面對市場波動時，遭受重大的損失。有效的分散投資策略

不僅僅能夠減輕風險，還能夠提高收益的穩定性，是每個投資者都必須掌握的一項重要技能。

「不要把所有的蛋放在同一個籃子裡」是一條重要的投資原則。這條原則所傳遞的訊息即為風險分散化。在投資世界中，風險性極高的投資可能會帶來較高的回報，但同時也可能帶來更大的損失。因此，透過分散投資，投資者可以有效控管風險，避免因單一投資標的失敗導致嚴重損失，但過度分散可能會稀釋回報率，因此，投資者同時也需要將資金專注在具有成長潛力的投資標的上，達成風險和報酬的平衡。

▶ 分散投資的四個籃子

分散投資涵蓋不同的投資類型，例如股票、債券、黃金或加密貨幣等。不同類型的資產在經濟環境變動時，其價值可能會有所不同。

分散投資對象至關重要。這不僅使投資組合能夠抵抗不利的經濟情況，同時也有助於提升投資的整體回報率。

一般來說，分散投資的對象可以包含多種性質迥異的投資。以下是一些常見的分散投資種類：

1、**股票**：投資國內或國際的股票可以提供資本增值的機會。由於股票價格多受到公司獲利、行業前景和經濟趨勢的影響，因此對於長期投資者來說，股票可能是一個很好的選擇。

2、**債券**：債券是公司或政府為了籌集資金而發行的，投資者則可以藉由定期獲得單位利息來獲得回報。由於債券的收益較為穩定，因此常常被視為風險較低的投資。

3、**黃金**：黃金被視為一種從缺乏信心的經濟環境中尋求保護的資產。由於黃金價格與其他類型的投資往往表現出負相關的特性，因此投資黃金有助於分散風險。

4、**加密貨幣**：加密貨幣是一種去中心化的資產，與各種資產的價格走勢都不完全一致，加上全球流通、兼具隱私與匿名的特性，雖然本身價格波動性較高，但長期報酬率驚人，風險調整後的報酬率依然相當優異。

▶ 適合小資的投資法則

分散時間，也叫定期定額投資，是一種為期一定且每期投入固定金額的投資方法。這種策略可以減少市場波動的影響，並降低購買價格的平均成本。例如，如果市場下跌，定期定額投資可以讓投資者以更低的價格買入更多的股份；反之，如果市場上漲，雖然股價較高，但因為已經購入，所以還是能夠實現利潤。

以下是一個具體的例子來清楚說明定期定額的概念：假設你每月 1 號定期存入固定金額 $5,000，不論市場好壞，你都會將這 $5,000 投入市場。也就是說，即使市場處於不理想的狀態，你仍繼續投入那 $5,000。

這樣的好處是，當市場高點時，你購買的基金份額較少；而市場低點時，你能以同樣的金額購買更多的份額，實現了平均成本。整體來說，定期定額這種投資方式可以降低投資風險，避免投資者因為短期的價格波動而作出衝動的決定。透過定期定額的方式，他們可以更專注於長期的投資方向，進而達到理財目標。

討論區上常常有人在問「抄底的時間點到了沒？」抄底的概念其實要跟逃頂組合在一起，如果你只有抄底卻沒有逃頂，那麼抄到的底後來又有更低的底，也還是賠錢。相反的，有逃頂了，但是價格卻沒有下來很多，又繼續往上漲，這也還是賠錢。為了精準的「抄底、逃頂」多數人操作只會越來越頻繁，到最後就是機率的遊戲，操作越頻繁，你的「抄底成功且逃頂成功」的機率就越低。

　　相對的，定期定額感覺是一般投資人都可以做到的事，現在的股價不好，但我就多少買一點，時間到了就買一點，首先，長期買入的結果就是自動完成了絕大多數人認為非常難以堅持的「長期持有」，你變成了**有耐心的人**。其次，定期買入的計畫，自動把你變成了最難得的那種人：**有紀律的人**。最後，每次投入一定金額，這裡的隱含意義在於，這是把你自動變成了**量力而為的人**。

　　許多網路上投資理財的成功經驗當中，經常是集中投資而非分散的資產配置，而成為億萬富翁。但是我們必須認清，如此精彩的致富傳奇其實是鳳毛麟角的個案。現實

中能夠每次都挑中高報酬的投資標的，又能夠抓準時機退場的人是少之又少的。市場上存在無數種投資標的，如何選擇對的投資並進行適當的分散，是每一個投資者需要學習和經驗累積的過程。

小資族適合買比特幣 ETF 嗎？

　　比特幣 ETF 的基本概念是一種在交易所交易的基金，其目的是追蹤比特幣的價格。這種基金允許投資人透過購買 ETF 的方式，間接投資比特幣，而無須直接擁有比特幣。比特幣 ETF 的運作方式與傳統的 ETF 相似。基金經理人會購買一定數量的比特幣，並將這些比特幣打包成 ETF，然後在交易所上市。投資者可以像買賣股票一樣，買賣這些比特幣 ETF。

　　比特幣 ETF 的主要優點是它提供了一種更簡單、更安全的方式來投資比特幣。投資人不需要擔心如何安全存儲比特幣，也不需要擔心加密貨幣交易所的風險。此外，比特幣 ETF 也提供了更好的流動性，因為它可以在證券交易所上市交易。

　　然而，比特幣 ETF 也有其風險。首先，由於比特幣 ETF 是追蹤比特幣價格的，所以如果比特幣價格下跌，ETF 的價格依然也會下跌。此外，比特幣 ETF 可能需要支付管理費用，這會降低投資報酬率。最後，即使比特幣 ETF 是由受嚴格監管的基金公司管理，但投

資人必須信任這些公司能夠安全管理他們的資金。

　　相比於大部位資金的法人或高資產客戶，建議小資族直接選擇透過台灣的加密貨幣交易所自行購買比特幣。原因有幾個：首先是台灣主管機關目前並沒有開放複委託券商交易比特幣 ETF，換句話說，即使你可以透過複委託買到美股，你在台灣券商目前買不到比特幣 ETF。其次，比特幣 ETF 即使可以自行在海外券商購買，最低投資門檻可能需要「1 股」，而比特幣現貨則可以切得更小，每次投資的金額也可以更小。最後，「Not your key, Not your coin」購買比特幣 ETF 並不是真實持有比特幣，你只是購買一個連結的投資工具。

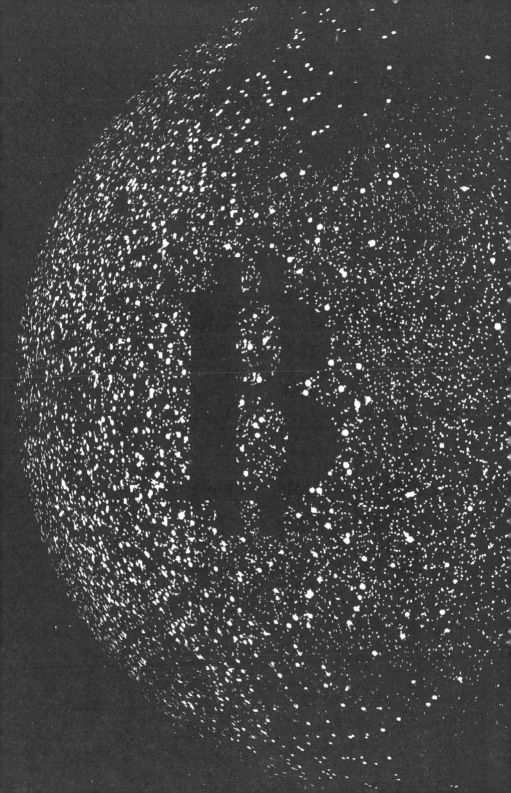

3

上車．
加密貨幣新手村
入場必讀

加密貨幣炒作新聞不斷，越來越多人聞風而來
但大多數人並非對技術有興趣
而是每天看到瘋傳的比特幣消息，手癢了

正準備駛入投資彎道的你
用正確的起跑姿勢，才能賺到未來

看懂加密貨幣的奧義

　　必須說，我覺得「加密貨幣」這個名字，誤導了很多人！看到「貨幣」兩個字，大家就想到錢，也直覺跟美元、新台幣掛鉤。同時「貨幣」一詞加強了跟金融的連結，甚至有人認為加密貨幣有機會取代法幣，成為日常使用的貨幣。事實上，在原本區塊鏈的程式語言當中，它的意思是「Token[7]」也就是一個令牌，可以讓程式判斷執行或是不執行。這個 Token 翻譯成代幣，後來變成 Coin，演變成加密貨幣。

　　從比特幣誕生開始，它與貨幣的關係就如影隨形。但事實上，我們真的是在買一個貨幣嗎？如果你買日圓，你可能是去日本旅遊、有商務需求，或是想要在日本投資，

7　Token：直譯為通證。指透過區塊鏈和智能合約創建的憑證，作為標的資產所有權和相關權益的依據。

你可以觀察日本的國際收支、進出口數字、GDP 成長率來判斷匯率可能的強弱。基本上，匯率是一個國家國力的縮影。**但是加密貨幣，到底買的是什麼？我給的定義是——你買的是一個「技術進步」。**

▶ 產業爆發成長期

如同網際網路、人工智能，技術進步在很多情況下都會讓投資者對未來有無限憧憬。

1825 年，英國人鋪設了世界上第一條鐵路，而從 1830 年底開始，英國經濟發展速度開始放緩。蒸汽機這一偉大的發明，讓很多英國人認為英國找到了一條全新的產業發展道路。為了刺激英國投資和經濟發展，幾乎所有投資人都把眼光放到鐵路行業上。大家相信投資於這樣的產業一定能賺大錢。另外，隨著英國報紙業的崛起，現代股市概念剛被引入市場，人們透過報紙這樣的媒體可以獲得更多、更完整，也更即時的資訊，鐵路股票和債券投資被廣泛認為是安全、報酬高，人人都應該參與的活動。

這種新思維和新媒體，加上英國當時泛濫的流動性和低存款利率，讓許多投資人蜂擁投入英國鐵路建設和發展的狂潮。即便這股「鐵路熱」由於資金緊縮，不少鐵路公司以倒閉告終，它們的股票也變得一文不值，但鐵路的技術已經完全改變了人類的生活。

　　為什麼新的技術進步，初期都很像是「詐騙」與「泡沫」？我應該在哪個時間點投入？

　　一個新技術的發展，我們可以把它想像成一個剛誕生的單細胞生物，他除了具備基本的生命象徵，會死亡跟繁殖以外，並不具備什麼強大的功能，但這個單細胞生物要能快速進化就需要大量的資金餵養。資金在這個階段扮演著相當重要的角色，它可能意味著泡沫的形成。縱觀歷史，比如 2000 年左右的網路科技泡沫，以及 2017 年現象級的比特幣泡沫，都表明了資金對於一個新興產業發展的影響是巨大的。

　　加密貨幣的發展，其實已經度過了最瘋狂的泡沫時期，隨著比特幣逐漸被國際認同為「資產」，以太幣為首

的公鏈發展也逐漸成熟，其中 Layer2[8]（以太坊擴容方案）在坎昆升級之後，交易的容量、成本與處理速度正在追上傳統金融工具的水準，在 2024 年這個時間點，加密貨幣產業其實已經即將進入成熟期，尤其是兩大主流，比特幣跟以太幣已經很難再出現一年超過 200% 的報酬率，但這也代表著投資人介入市場的風險明顯要小得多。當然，兩大主流生態中的細分項目依然還在持續湧現，這裡依然存在很多機會，但這些新興項目也就有更大的風險。

▶ 加密貨幣如同網路革命？

如果你問朋友，為什麼用手機、電話聯繫？為什麼用電視來收看節目？他應該會用奇怪的眼神看你。同樣的，如果你問他們是否會採納「用電生活」，他們應該真的會覺得你腦袋有問題。

8　Layer2：第二層，泛指在主網之外的一種擴容方案，就好像高速公路兩旁的空間。

我們現在早把「電」當作是理所當然，然而若問在鄉下過生活、70 幾歲的長輩們，他們可能經歷過沒有電、甚至沒有電話的時代。一個村子有一支電話，或是一戶人家有一台電視，都是一件很了不起的事。

　　街道上和家中首次使用電線是為了照明，但是在當時，沒有人能預見電力將澈底改變人類生活的方式。電力照明比天然瓦斯、煤油更加安全、明亮、乾淨。一旦基礎設施鋪設完畢，用電的各種產品就不斷應運而生。電冰箱、留聲機、冷氣機，各種新科技可以滿足人類長期以來的需求。新的發明重塑了我們的經濟和生活方式，然而儘管「電」是現代人無法欠缺的科技，也經歷了百年才被完全接受。

　　1975 年「網際網路」的概念就已經被提出。1998 年末，大約 50% 的美國家庭擁有電腦，而其中約一半的電腦連結網路。在大多數的其他國家，這個比例會更低。此時距離網際網路被開發出來，已經過了 23 年。當年，我對網際網路最大的印象，就只有 BBS（可能很多讀者已經不知

道這是什麼？）而且因為沒有地方可以上網，我必須去學校的計算機中心。許多人家裡根本沒有電腦，如果你說網際網路可以透過電子郵件改變世界，在當時也會有很多人說你想太多了。

網際網路出現的時候，有技術愛好者總是會聲稱「明天」網際網路就即將來臨，一年之內世界將有重大改變。比爾・蓋茲（Bill Gates）在《數位神經系統》寫到：這些都是胡扯，光是讓社會接納就要好幾年，而基礎設施也要費時多年建構。但是當社會和科技變遷達到臨界質量（critical mass）[9]，變遷就會加速而且不可回轉。如果你想對未來有想像，就應該從歷史中獲得洞見。

過去幾波的加密貨幣泡沫時，幣圈愛好者似乎也認為，明天加密貨幣就會取代美元，而元宇宙也會「噗」一聲成為現實。事實上，每一個新興技術從被提出，到成為主流都經歷了非常長的時間。例如 AI 預計在 2020 年代末

---

9 臨界質量（critical mass）：是一個物理學的概念，主要用於描述核反應中的一種狀態。當一個物質的質量達到臨界質量時，它就能夠自我維持一個連續的核反應。

至 2030 年間才可能造成普遍的經濟效益。根據 WSJ 2023 年 4 月的調查報告，有 61% 的經濟學家認為，接下來的 5 年之內像 ChatGPT 這樣的 AI 工具，對於美國的 GDP（國內生產總值）成長率只能帶來微弱的正面影響，當然實際上發生效益的時間可能要比經濟學家預估早得多。而比特幣從誕生到今天其實才 16 年的時間，對比網際網路或是 AI，發展速度已經相當驚人。

　　總結來看，即便加密貨幣過去幾次的牛市，都以泡沫破滅告終，但區塊鏈的技術其實在各個不同面向逐步開花結果，我們將在以下章節詳細討論。

▶ 新科技帶來利多

　　讓我們來回顧一下整體加密貨幣市場的概況。加密貨幣在前一次的熊市 2022 年底的市值約為 8,000 億美元，2024 年 3 月時則已經超過 2.5 兆美元。特別是比特幣和以太坊已成為近年來投資熱點。從市值來看，這兩種加密貨幣占據了優勢地位，合計市值已超過 1.6 兆美元。

不知不覺中，2018 ～ 2019 年的加密貨幣冬季已過去，隨著去中心化金融（DeFi）與許多新的第一層網路（L1）[10]的興起，投資人重燃對加密貨幣市場的熱情。這些新的平台可能是為了滿足大家預期的區塊鏈需求而誕生的，然而在 2021 年底，整體市場似乎出現了停滯。過去的經驗告訴我們，並不是每次區塊鏈的需求都會帶來實質的效益，因此，面對市場的冷卻期，開發者們選擇利用這個機會進行各種創新和改良，致力於解決繼續推進區塊鏈應用的各類技術瓶頸。

　　你該不該投資加密貨幣？加密貨幣是不是像股票是「有價證券」？主流的意見包含美國證監會認為比特幣是「商品」[11]。但其餘大多數的加密貨幣是「有價證券」。

---

10 L1：Layer1，也可稱為公鏈，比特幣網路或是以太坊，都是屬於 L1。雖然是市場領導者，但各自有可以完善的地方，因此類似的公鏈也百花齊放。

11 SEC 對加密貨幣的看法：美國證券交易委員會（SEC）的主席，蓋瑞‧詹斯勒（Gary Gensler）在公開場合中表達，他認為只有比特幣（BTC）是可以被認定為商品，而不是證券的加密貨幣。關於加密貨幣是商品還是證券的討論對加密貨幣產業有巨大影響，因為像證券這樣的金融工具，只有在發行者成功向美國證券交易委員會和證券交易所註冊，並且符合嚴格的規則後，才能合法地在市場上銷售。

換句話說，投下去的錢其實是在買一種「期待」，像牛市裡頭的股票那樣，有可能帶給你一筆漂亮的利潤時，它就具備「有價證券」的屬性。這將使得市場上的多數加密貨幣必須遵守美國《1933年證券法》頒布的規則和條例。

　　整個加密貨幣市場同時完美地符合「技術進步」與「金融商品」的特質。在 Web3 的未來規劃中，第一步就是打造出必要的基礎設施，如「Layer2 擴展方案」、「安全系統（重質押）」以及「硬體設備（如零知識證明的加速器）」等。這些聽起來高大上的名詞，大家可以暫時忽略，但不能否認的是，過去兩年來這方面的基礎設施已經建立得相當豐富。這種情況也為去中心化應用程式（DApps）的發展提供了可能。換言之，我們預期在市場上，將會有更多參與者專注於推動 Web3 應用，以此克服加密貨幣在早期投入與運用之間的落差，並讓它們更接近主流的使用。

▶ 加密貨幣有內在價值？

內在價值是一種投資術語，指的是一項資產基於其本身性質和潛力所衍生出來的實質價值。可以當作是實質的「生產力」。舉例來說，農地可以種植作物、產生糧食。企業可以銷售商品或服務、創造收益。巴菲特於 1996 年在波克夏公司年報致股東的一封信中說：「內在價值是一個非常重要的概念，它為評估投資和企業的相對吸引力提供了唯一的邏輯手段。**內在價值可以簡單地定義如下：它是一家企業在其餘下的生命中可以產生的現金流量的折現值。**」為了能清楚理解加密貨幣是否具有內在價值，我們不妨對比加密貨幣與黃金、大宗商品、股票。

1、黃金

黃金被視為一種「避風港」資產。在經濟困難和不穩定的時期，許多投資者會將資金轉移到黃金中。此外，黃金還有實體用途，如首飾和工業用途。儘管黃金歷史悠久且被全球接受，其價值在很大程度上仍然受到供求關係、

投資者情緒、地緣政治局勢等因素影響，而這些因素在很大程度上都是不可預測和控制的。

　　事實上，黃金並不能創造價值。相比之下，投資於股票或房地產等產生收益的資產，可能會帶來收入或有資本增值的潛力。黃金的持有者僅能期望其價值會上升，而無法期待從其中得到任何收益。此外，黃金也需要儲存並保證其安全，這也是一種成本。隨著金融市場和投資產品的多元化，黃金可能並不再是唯一或最好的避風港投資。因此，儘管黃金有其特殊的地位和普遍的接受度，但其內在價值的存在並不明確，仍有很大的爭議。

2、大宗商品

　　大宗商品的內在價值源自其實體用途，這包含穀物、石油、天然氣等。例如穀物用於食品生產，石油和天然氣用於能源生產。由於這些商品在生活中有重要地位，因此它們具有內在價值。但是考慮到大宗商品的價格取決於市場對該商品的需求和供給，因此我們可以估計（至少盡力估計）這種需求和供給的決定因素，從而揭示出這種大宗

商品的內在價值，但價格變化與大宗商品的供需變化之間
存在著很長的時間落差，大大增加了這種方法的難度。

3、股票

　　股票的內在價值是由一個公司的真實價值決定的。股
票的真實價值往往與其在市場上的價格有著一定的差異，
所以投資人需要對該公司的經營情況、行業發展趨勢以及
總體經濟環境等多方面因素進行深入分析，以確定該股票
的內在價值。股票的內在價值又可以分為靜態內在價值和
動態內在價值。靜態內在價值主要是根據公司的資產、債
務以及股權結構等狀況來計算的。而動態內在價值則是考
慮到公司未來的獲利能力，包括利潤成長率、自由現金流
以及股利政策等因素。

　　然而，需要注意的是，股票的內在價值並不是一個固
定數字，而是隨著市場和產業景氣的變化而改變。這也意
味著投資人需要不斷更新對股票內在價值估計的基礎，當
基礎假設改變，股票的內在價值評估也會跟著不同。

4、加密貨幣

諾貝爾經濟學獎得主保羅・克魯曼（Paul Krugman）曾多次撰文批評比特幣。他認為，作為法定貨幣，美元沒有其他任何資產（如黃金）作為保障，但美國政府要求人們以美元支付稅款，這就保障了它的價值。相比之下，「比特幣根本沒有內在價值。它既缺乏現實束縛，而且用途又非常有限，二者結合起來，導致這種資產的價格幾乎等同於純粹的投機，因此非常不穩定。」

以太坊創辦人維塔利克・布特林（Vitalik Buterin）提醒人們貨幣除了三種常見的功能：交易媒介、價值儲藏、計價單位之外，還有一個鑄幣利差[12]（Seigniorage）。

舉例來說，穀物如果作為貨幣使用，鑄幣利差幾乎等於零，因為穀物可以當作糧食使用，可完全被人類使用；黃金等天然資源當作貨幣時，鑄幣利差也幾乎不存在。比特幣則與所有紙鈔一樣（不論是新台幣或美元），紙張本

---

[12] 鑄幣利差：指的是貨幣的市場價值與內在價值的差額，例如百元鈔的製作成本可能只有1塊，剩餘的99塊就是鑄幣利差。

身價值極低，貨幣價值幾乎等於鑄幣利差，表明了比特幣不具內在價值。

　　然而，美元的鑄幣利差流入美國政府手中，比特幣的鑄幣利差去哪了？答案是部分流入礦工手中成為挖礦利潤，其他則用來支付礦工維護比特幣網路安全的開銷。鑄幣利差成為了公共財。

　　區塊鏈技術以其去中心化、可跟蹤、無法篡改的特性，提供了加密貨幣一種優勢，這是傳統貨幣無法比擬的。而其潛在的應用包括去中心化金融（DeFi）、智能合約、數據共享等廣泛範疇，這正是加密貨幣具有內在價值的體現。**當我們評估一種加密貨幣的內在價值時，我們考慮的是，該代幣背後的區塊鏈技術能否有效解決現實生活中的問題**，並且，該代幣本身是否有正在進行、或者未來可能進行的應用案例。

同時，投資者的接受程度與認知也是衡量內在價值的一部分。畢竟，可以堪稱為「內在價值」的資產，如果在大眾之中並未被認知、理解或接受，那麼這個所謂的「內在價值」便不存在。例如，比特幣作為「新資產」，在初期面臨許多障礙，被認為價值未明，但隨著時間的推進和受眾的擴大，其真正價值漸漸為投資界所接受。

入圈必學的第一顆幣～ 比特幣 BTC

　　談到加密貨幣，大部分人會想到比特幣（BTC），這是全球最早、最大、表現最好的加密貨幣。

　　比特幣的創建者中本聰（Satoshi Nakamoto）於 2009年推出了這種革命性的數位貨幣。接著，許多類似的加密貨幣紛紛出現，但至今，比特幣仍為最知名和最有價值的加密貨幣。如果把比特幣跟其他加密貨幣相比，你會發現一個明顯的差異，也就是截至今天為止，我們還不知道比特幣的發明人中本聰，到底是誰？而比特幣的運作也確實如中本聰當初所設計的是由去中心化的社群、礦工們共同運行，沒有一個中心化的主持人或老闆在指揮。比特幣在技術上的創新，讓它成為一種數位化、稀缺、高波動的價值存儲，這點即使是美國證監會主席也認同。或者換一個說法，我們也可以簡單地把它想像成「數位黃金」。

▶ 比特幣，全球最獨立的央行

「比特幣的本質決定了，自 0.1 版本發行以後，其核心設計便已固定，永遠不會被改變。」——中本聰 2010.6.17

迄今為止，比特幣不僅成功擊退了外來的攻擊，還有力地抵制了任何改變比特幣、更改比特幣特性的企圖。

如果將比特幣視作一家央行，它將是全球最獨立的央行；如果將比特幣視作一個國家，它將是世界上主權最高的民族國家。比特幣的主權源於這個事實：所有人都知道比特幣的共識規則使得沒有人可以左右它。直白點來說，**沒有人能控制比特幣，人們唯一的選擇就是，按原樣使用它，或者不使用它。**

這種不可變性並不是說比特幣軟體無法更改，對任何能夠寫程式的人來說，改寫程式是輕而易舉的，改變的難度在於讓全網的每一個用戶都接受同樣的修改。

比特幣是開源軟體，允許個人運行節點連接到比特幣網路。比特幣最初是由中本聰與已故的哈爾‧芬尼（Hal Finney）和其他工程師合作開發出來的。任何人都可以自由下載和使用，並對程式語言進行修改。開源屬性創造了一個自由競爭的市場，任何人都可以自由地對軟體進行修改或改進，並交給其他用戶使用。

然而，比特幣的開發者如果想讓他們寫出來的代碼被接受，最好保持原來的共識規則不變；比特幣礦工如果想獲得收益、不浪費挖礦付出的成本，最好的選擇也是遵守原有的共識規則；網路用戶如果想讓自己的交易順利結算，最好的選擇也是維持原有的共識不變。任何一個開發者、礦工或節點都不是比特幣不可或缺的，如果偏離了共識規則，最可能的結果就是浪費自己的資源。因此，從這個角度來看，這些共識特徵就是比特幣主權的體現，比特幣有非常強烈的現狀偏好，要改變它的供給或其他重要參數極其困難，正是由於這種穩定的均衡，比特幣的「資產」屬性才獲得了認可。

▶ 熊市之後，如何看待比特幣？

「一場史詩級的熊市」，數據分析平台 Glassnode 2022 年出爐的分析報告以這個標題展開。與 2015 年、2018 年和 2019 年開始的熊市週期相比：

比特幣熊市週期

熊市開始	底部天數	最大跌幅
2015	410 天	83%
2018	362 天	84%
2019	260 天	74.7%
2021	376 天	77.4%

同時，比特幣在 2022 年經歷史上最大資金外逃，外流的金額與歷史平均值相比較，達到了 2.73 個標準差，這比之前歷史上最大的兩次熊市還大了一個標準差（2018 年熊市低點、以及 2020 年 3 月疫情），投資人損失慘重，單日

淨實現損失在 6 月下旬創下歷史新高達 42.34 億美元。比 2021 年中國嚴打挖礦的 34.57 億美元紀錄還增加了 22.5%。因此，即便在價格的跌幅上未必能比得上前幾次熊市嚴重，但在蒸發的市場價值以及投資人虧損的資金都是史無前例的。

所幸，就如同過去的熊市，比特幣終究再次存活下來。然而許多比特幣過去發展所依賴的幾個敘事（或觀點、訴求），都在這波下跌中被打破。正如同真金不怕火煉，比特幣在大跌之後，似乎又迸發出新的生機。

1、抗通膨 ✕

比特幣抗通膨是一個常見的說法。相對於各國央行大印鈔，固定數量且發行數量每四年減半一次的比特幣，有天然通縮的傾向，被認為是可以對抗印鈔而導致的通貨膨脹。然而在通膨創下 40 年歷史新高的 2022 年，比特幣在通膨不斷創新高的時期，反向不斷下跌。相較於 2022 年創紀錄的 8.5% 的通膨率，當民眾試圖持有比特幣以維持購買力時，比特幣的價格波動風險其實遠高於通貨膨脹，如果

你心臟不夠大，還沒抗通膨，就已經先嚇死了！《黑天鵝》作者納西姆‧塔雷伯（Nassim Nicolas Taleb）也在推特上再度抨擊並唱衰比特幣，他說：「事實證明比特幣既不是能對沖通貨膨脹的工具，也不是對沖油價波動的工具，更不是對沖股票的工具。當然，比特幣也絕對不會是對沖地緣政治事件的工具，實際上它恰好相反。」

2、數位法幣 ╳

　　全球目前有兩個國家正式採用比特幣作為法幣，一個是薩爾瓦多，一個是中非共和國。薩爾瓦多在 2021 年 9 月成為全球第一個將比特幣視為法幣的國家，不過美國非營利組織「國家經濟研究局」（NBER）近期發布報告指出，比特幣在薩爾瓦多的普及率仍有待加強，高達 8 成的企業至今仍不接受比特幣。比較令人意外的是，高達 89% 的受訪者表示從未使用過 Chivo[13] 來收取匯款；僅有 8% 的人使

---

13 Chivo：Chivo 錢包是薩爾瓦多官方推出的國家比特幣錢包。

用 Chivo 收過比特幣；3% 的人使用 Chivo 收過美元，因為薩爾瓦多的經濟嚴重依賴從國外匯回的款項。這些匯款約佔了國內生產總值（GDP）的 20%。薩爾瓦多人口不到 7 百萬，不過，有超過 2 百萬薩爾瓦多人住在國外，每年匯回的款項超過 40 億美元。且當中很大一部分的交易費用會流向中間商，比如西聯匯款轉帳 100 美元就會收取 12.5% 的費用。如果人們大規模採用比特幣，跨境匯款成本將大幅降低，西聯匯款和速匯金等貨幣服務提供商每年將損失 4 億美元的匯款佣金。然而，根據 2023 年調查顯示，僅 12% 的居民在過去一年內使用過比特幣，相較 2022 年減少一半。如果連缺乏主權貨幣的國家居民都不使用比特幣，我相信不會有成熟經濟體願意放棄法幣，擁抱比特幣。

明顯的案例就是，國際清算銀行（BIS）在「2022 年度經濟報告」中用 42 頁的篇幅為全球貨幣體系的未來規劃了藍圖。根據 BIS 的說法，加密貨幣的結構缺陷並不適合作為貨幣體系的基礎。在 BIS 未來貨幣體系藍圖中，中央

銀行基於數位貨幣（CBDC[14]）所建立的貨幣系統，將扮演著結算和支付的穩定數位貨幣的角色。

3、數位黃金 △

《故事經濟學》作者、2013 年諾貝爾經濟學獎得主、耶魯大學經濟學講座教授羅伯・席勒（Robert J. Shiller）認為人類的情緒和動物本能會影響行為和決策，具有感染力的故事傳遞則會逐漸影響人們的情緒。比特幣以「貨幣」為名、「挖礦」產出，又是固定的 2,100 萬顆產量為限，就是掛勾黃金的金本位敘事。金本位的敘事可以追溯至 100 多年前，例如美國前總統川普（Donald Trump）就曾經主張美國恢復金本位制度。也就是讓美元與黃金可以固定匯率互換。在 1873 年之前，美國實施的是一種複本位制，也就是美元同時與黃金和白銀掛鉤。席勒教授發現金本位制出現在報紙或是書籍最頻繁的年代，正好是 1890 年代與

---

14 CBDC：中央銀行數位貨幣（Central Bank Digital Currency）指的是數位版本的國家貨幣。

1930 年代兩段最嚴重的經濟蕭條期間。比特幣或許跟黃金一樣產量有限、都擁有一批死忠的粉絲、甚至本身也都沒有內涵價值，倚靠的就是人們的「信任」，搭配金融海嘯之後對金融機構的不信任，聲名鵲起。

　　但事實上，比特幣與黃金的價格走勢關聯繫並不一致，黃金價格的上漲與下跌跟比特幣的連動關係也不穩定，彼此互為替代的可能性很小。我們可以用烏俄戰爭作為一個分界線。俗話說：「砲彈一響，黃金萬兩」。2022 年 2 月 24 日俄羅斯對烏克蘭發動全面入侵。在這之前的 2021 年全年，比特幣與黃金的相關性大多在－0.5 以下。在之後的三個月之內，兩者的相關係數維持在－0.19～＋0.35 之間，這個相關性並不高。相反的，在 2023 年之後，兩者的價格走勢相關性卻明顯上升，近期的相關性達到＋0.88，越接近 1 表示兩者價格的走勢越貼近。會造成這種結果的原因，可能與烏俄戰爭後、美中脫鉤、「去美元化」等政治議題有關，與黃金的避險性質無關。中國的好朋友們不願意繼續增加對美國公債的持有，改而擁抱黃金或比特幣，但是，比特幣能否成為數位黃金仍然需要觀察。

4、大規模採用 △

新加坡加密貨幣支付服務提供商 Triple A 發布的「2023年度全球加密貨幣採用報告」指出，目前全球加密貨幣採用率平均為4.2%，代表全球擁有超過4億的加密貨幣用戶。

另外，根據 2023 年 Chainalysis 發布的加密貨幣採用指數當中，前三名分別為印度、奈及利亞以及越南。調查當中，2023 年的全球加密貨幣的採用率下降，但並非所有地方都是如此，更具體地說，有一種國家的採用率復甦程度比其他任何地方強得多：也就是平均國民所得在美金$1,086 ~ $4,255 的中低收入國家。可以想見在開發中國家，尤其是金融不穩定、銀行帳戶等傳統金融產品障礙大的國家，加密貨幣正在成為生活的一部分。雖然比特幣目前的表現可能還有很多不足之處，但比特幣閃電網路[15]的容量最近達到歷史新高。根據網路容量的最新數據，它現在

---

15 閃電網路：閃電網路就像是比特幣的「快速通道」。小額交易不需要占用主網的資源，只有需要最終結算時才把結果上傳到比特幣主網。因此可以使得交易更快、成本更低。

可以處理超過 4,500 個 BTC。相比之下，2021 年初，閃電網路只能容納 1,000 顆 BTC，現在的容量成長了 400% 以上。因此比特幣大規模採用的技術仍在快速進步當中。

5、價值儲藏 △

貨幣有三大基本職能分別是交易媒介、價值儲藏、計價單位。比特幣能不能作為交易媒介？我們可以參考已經將比特幣視為法幣的薩爾瓦多的現狀。在薩爾瓦多，使用比特幣作為日常交易使用的比例僅個位數。我願意付比特幣，也要商家願意收才行。商家收了比特幣卻可能因價格波動造成損失，這就影響了作為交易媒介的誘因。在計價單位方面，加密貨幣由私人發行，形式上可能是以去中心化自治組織，或是基金會、社群的型態來營運，信用則交由區塊鏈技術與共識機制維持，治理的結構鬆散，難以作為衡量商品價值的穩定工具。

比特幣價格深受總體貨幣政策與資金行情影響，通常被視為風險性資產，即使是穩定幣依舊要以持有美國政府公債或是現金作為擔保方能抵禦市場在恐慌時可能發生的

擠兌。比特幣甚至沒有任何自治組織，所有比特幣發行的邏輯都已經是確立的了，而且不容變更，這也導致比特幣的貨幣政策完全沒有任何彈性。然而，比特幣作為貨幣不可行，但如同美國證監會所說的，比特幣作為一種商品，可以是一種資產。事實上，各國逐漸開放比特幣現貨 ETF 的發行，也就是逐漸認可比特幣作為資產的地位。因此，短期上看比特幣價格風險很大，不適合價值儲藏，但長期看，它卻是一個持續上漲的資產。因此，如果要以比特幣作為價值儲藏的工具，必須用一個更長時間維度的思考才適合。

6、抗審查 ○

比特幣的爆紅是一個關於財富、不平等與資訊科技的故事，還涉及了一般人難以理解的神祕術語，它具有很強的感染力。背後情感因素可以追溯至 19 世紀的無政府主義。加密貨幣的會計系統，設計上是由許多個體以民主及匿名的方式維護，而且基本不受政府監管，也因此具備了「抗審查」的特性，任何主權國家都無法拔掉網路、試圖消

滅比特幣。這說明了一個自由的無政府主義最終可能的情景，對某些人有巨大的情感吸引力，而且目前為止，都還沒有人能證明見過中本聰本人，他只透過電子郵件與人溝通，神祕的故事更增添比特幣故事的感染力。截至目前為止，比特幣也是唯一個被美國證監會 SEC 認為是「商品」的加密貨幣，等同於原油期貨、小麥、玉米般，是一種大宗物資，是一種財貨，具有完全或實質性的可互換性，且具備經濟價值。無論是誰生產的，市場都將它們的商品價值視為相等或幾乎相同。

▶ 反脆弱的天生屬性

所以看到這裡，過去推動比特幣的觀點似乎不完全可信，那麼我到底該用什麼角度看待比特幣？

如果我想長期持有比特幣讓它發揮價值儲藏的功能，或是要像黃金一般，有別於美元單純只靠國家信用支持的紙幣，那麼我最該在意的就是：「比特幣會不會歸零？」《黑天鵝》作者塔雷伯曾經提出反脆弱的概念，即使塔雷伯

本人並不認同比特幣，**但某種程度上，比特幣就是「反脆弱性」概念的具體體現。所謂反脆弱性，塔雷伯的定義是能從逆境和混亂中獲益的特性。**比特幣具有強大的抗攻擊能力，所有試圖殺死比特幣的嘗試都失敗了。而且這些攻擊讓開發者得以發現代碼中的弱點並加以改進，從而使比特幣變得更強大，這個就是反脆弱的具體表現。

從媒體的角度看，比特幣是一種不易理解的新科技，正如同很多不易理解的事物一樣，媒體對比特幣的報導常常不那麼準確，有時候還會完全敵視。根據 99bitcoins 的統計數據，比特幣至今由媒體、專欄發出的「訃聞」已超過 400 次。許多經濟學家，甚至是諾貝爾經濟學獎得主，發現比特幣和自己的認知完全衝突，卻拒絕思考錯的有可能是自己。相反地，他們因此得出結論，認為比特幣的存在是錯誤的，它很快就會死亡。

另一些人則堅信，比特幣需要更多變革才能在成功的道路上繼續前進，當比特幣無法按照自己希望的方式進行改變時，他們得出結論：比特幣一定會死亡。這些人寫了

攻擊比特幣的文章，讓比特幣引起了更多人的注意。訃聞越來越多，比特幣的算力、交易和市場價值也越來越多。很多比特幣愛好者，包括我本人在內，也是因為看到在媒體反覆唱衰下，比特幣非但沒死，反而又活回來，才產生了深入了解比特幣的興趣，同時我也認識到比特幣作為一種新資產的重要性。

第二個角度則是：「有多少舊資產會被比特幣替代？」根據方舟投資 2023 年《Big idea》報告指出，比特幣將會對現有資產產生替代效果。舉例來說：方舟投資預測在 2030 年的「基礎情境」中，有 40% 的資金原本要布局黃金的，未來將轉而投資比特幣。而原本的匯兌資產中則有 10% 改用比特幣；新興市場貨幣則有 3% 的替代。畢竟有許多中低所得的新興市場國家的貨幣深受通膨、幣值不穩定所苦，所以改持有比特幣的可能性大增。經過一連串的測算之後，方舟估計在「基礎情境」下，比特幣在 2030 年的價格將會是 682,800 美元，未來每年的年化報酬率將超過 60%，而「牛市情境」則更高達 148 萬美元，這真是一個令人瞠目結舌的數字。

▶ 回漲話題①比特幣現貨 ETF 上市

在交易面，2024 年加密貨幣市場的熱點莫過於美國證監會在 2024 年 1 月 11 日，正式批准了美國首批受監管的「比特幣現貨 ETF」，從此打開了加密貨幣投資的大門，它以其創新性和高度的流動性，贏得了大量投資人的支持。相較於比特幣期貨 ETF，兩者之間的主要差異在於如何投資比特幣。

比特幣現貨 ETF，正如其名，通過實際購買和持有比特幣來跟蹤價格。由於這種方式的直接性，投資者可以較為準確地追蹤比特幣的價格並把握市場動向。而**比特幣期貨 ETF**，則是通過購買比特幣的期貨合約來獲得比特幣的曝險。主要的區別在於，這種 ETF 並不直接持有比特幣，而是通過期貨合約將比特幣的價格變動轉化為投資收益。比特幣期貨 ETF 可能有些難以理解，簡單來說，它跟比特幣的價格可能不會完全相符，因為它涉及到更為複雜的合約市場。此外，由於期貨溢價，它的交易價格可能會高於比特幣的現貨價格，與單純購買現貨比特幣相比，它作為

投資工具的吸引力更低。最重要的是，要留意所謂的交易對手風險，也就是期貨合約中的另一方可能無法完成他們的承諾。

　　正因為現貨 ETF 具備期貨 ETF 沒有的好處，在它上市後，其投資熱潮一度強烈到難以抵擋。不僅有個人投資者參與其中，許多大型機構投資者也紛紛投入，希望能趁此良機獲得豐厚的回報。以「iShares Bitcoin Trust」（股票代碼：IBIT）ETF 為例，截至 2024 年 3 月，IBIT 市值已超過 150 億美元，這也足以說明比特幣現貨 ETF 在投資市場的影響力。

　　總結來看，比特幣現貨 ETF 的上市是一個絕對的利多，因為價格操縱的難度變大，有利於散戶公平競爭。如果有追蹤美國 SEC 對比特幣現貨 ETF 過去申請駁回的讀者們可能會注意到，SEC 非常在意市場價格操縱的問題，也就是後面會提到的中心化交易所的問題，雖然比特幣本身去中心化，但交易所對價格的影響很大，如果沒有公平的價格將對投資人不利，為此，SEC 要求 EFT 業者必須有一套機制，確保價格操縱的狀態不會發生。其次是，解決高

資產人士或企業持有比特幣的稅務問題。比特幣到底怎麼課稅？依然不確定且複雜。但透過 ETF 就非常清楚，過去怎麼課就怎麼課，企業的財會報表申報方式也完全不需要變動，可以說大幅簡化了持有比特幣資產的難度。

▶ 回漲話題②比特幣減半

可能你會好奇比特幣是如何產生的呢？我們稱之為「挖礦」PoW（Proof of Work）工作量證明。在比特幣的世界裡，挖礦的工作是由稱呼為「礦工」的角色執行。他們確保比特幣交易的安全，並避免「雙重支付」這種詐欺行為。礦工注入算力來驗證每一筆比特幣交易，並將其記錄在公開的帳簿上，這就是眾所周知的區塊鏈。大約每 10 分鐘，礦工以一個區塊的形式，將最新的交易紀錄添加到區塊鏈中，並將這些比特幣「確認」後分發給新的擁有者。

礦工們會互相競爭，也就是誰先解出一個數學難題，誰就有權利獲得獎勵。這個機制就像是遊戲裡的寶箱，誰先找到關鍵，誰就能先開寶箱、領取獎勵。這樣的設計保

證了比特幣系統的安全。你可能會好奇，礦工為什麼會這麼勤奮呢？原來，他們在挖礦時能獲得兩種獎賞：新幣獎賞以及交易費用，並透過此過程保證比特幣的安全。

那什麼是比特幣減半呢？其實就是這個挖礦過程，比特幣的設計讓新比特幣的產生呈現遞減模式，就像挖礦一樣，早期礦產豐富，越到後期礦產則會逐漸枯竭。所以礦工每創造一個新區塊，得到的比特幣會每四年縮水一半。比如說，從一開始每個區塊獎勵 50 比特幣，到 2012 年變成 25 比特幣，再到 2016 年就只剩下 12.5 比特幣，在 2024 年 4 月，比特幣經歷第四次減半（區塊獎勵 3.125 比特幣）。這種降低速度的遞減模式，會持續到 2140 年，到那時，所有的比特幣都將被挖出，總數達到約 2,100 萬枚。也就是說，2140 年以後，世界上就再也不會有新的比特幣出現了。

在比特幣的挖礦世界裡，誰先挖到新區塊就能獲得這個區塊中所有交易的「小費」。但在目前，這些「小費」可能只占礦工收入的 0.5%，大部分收入還是來自挖出新區塊的比特幣獎勵。但隨著時間的推移，每次挖礦的新比特

幣獎勵數量會減少，而區塊中的交易數量則會增加，因此交易的「小費」將變得越來越重要。預計 2140 年以後，所有的挖礦收入都將完全來自這些交易的「小費」。

　　你可能會問，比特幣的減半事件會對比特幣網路的安全性帶來什麼影響呢？這是一個非常重要的問題。每一次減半事件，因為比特幣的創造速度放緩，挖礦的獎勵也就降低了。這意味著礦工獲利的可能性變小，可能會有一些礦工選擇退出，進而導致比特幣網路的安全性減低。

　　然而，這與事實並不完全相符。實際上，每次減半事件都會引發市場的關注和熱議，比特幣價格通常會上漲。因此，雖然每個新區塊的比特幣獎勵減少了，但是因為價格上漲，挖礦的收入可能會維持不變甚至上升。這激勵了更多人參與挖礦，使得比特幣的網路安全性得到了加強。

　　從過去的歷史中，我們可以發現，在減半前後，比特幣通常能有一波大漲的機會，根據 Tradeview 的數據，比特幣減半前後一年的價格表現為：

比特幣價格及聯邦基金有效利率走勢

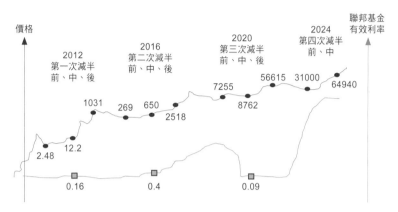

※ 資料來源：FRED Reserve Economic Data

　　然而這是否代表第四次減半，也會一樣有如此高的漲幅呢？總結過去三次減半，我發現其實都是在全球利率非常低的水準，或者是全球央行大放水的時代，我們從來就沒有經歷過在利率高漲、聯準會持續收縮資產負債表的年代。舉例來說：2012 年，聯準會開啟第三輪量化寬鬆（QE3）購買 MBS 不動產擔保債券以及長天期公債。2016 年下半年，聯準會有小幅度升息 0.25% ～ 0.5%，但英國脫歐引發英國財政危機，聯準會資產負債表維持不變。2020

年，各國央行和政府以前所未有的財政刺激，來應對COVID-19疫情，可以說是大印鈔時代。

然而 2024 年聯準會究竟有多少降息空間？若是降息，今年的幅度可能也很小，加上縮表依舊進行中，樂觀預期 2024 年底前停止縮表。因此市場並不像過去幾次減半是資金氾濫的時代，過去的歷史經驗也未必可以套在這輪減半題材之上。

但是即便如此，假設在需求不變、供給減少的情況下，比特幣的價格依然有上漲的空間。或許，第四次減半後的一年，比特幣的漲幅可能遠遜於前幾次。以 4 月分的價格 65,000 美元估計，比特幣漲幅可能僅在 5 成以內。但這似乎也達到 97,500 美元，後續則還是端看比特幣生態進展速度而定。

總體來說，關於比特幣減半對網路安全性的影響，最核心的是比特幣價格和市場反應。只有這兩個因素共同作用，才能保護比特幣網路的安全，但礦工們不能不預作準

備，且比特幣網路正在興起一波全新的變革，包含銘文[16]、BRC-20[17]、符文[18]、Layer2等等是2024年的新熱點，目的就是要把交易的「小費」持續變大，確保礦工們在減半後的收入能維持，甚至增加。

---

16 銘文：比特幣銘文是刻在聰（satoshi）上的元資料，使用Ordinals協議將內容寫入satoshi進行銘刻。這些銘文可以包含文字、圖片、視訊和音訊等，你可以簡化理解為比特幣鏈上的NFT。

17 BRC-20：類似於以太坊的代幣標準，它規定了在比特幣鏈上發行代幣的名稱、發行量、轉帳等功能。比特幣鏈上的代幣合約必須遵守這個標準。

18 符文（Runes）：BRC-20標準以外一種更好的替代方案。

入圈必學的第二顆幣～
以太幣 ETH

　　比特幣帶來了區塊鏈的革命性技術，這技術使我們得以在無須第三方干預的情況下進行安全的交易。這種系統不僅實現了「價值網際網路」的概念，還引領了數位世界的「通證」趨勢。然而，就像所有的科技一樣，比特幣的區塊鏈系統也需要進步，並不斷進行升級。

　　比特幣雖然在某些方面近乎完美，但其區塊鏈技術初衷是為一種去中心化的點對點電子現金服務，並非所有的需求都能被滿足。這些年來，我們已見證了許多對比特幣的優化措施，目的就是要增加交易的速度。

　　而在這些新的嘗試中，以太坊的崛起無疑是最引人矚目的。它不僅被廣泛接受為比特幣的一種改良版，而且現在已經發展成為一個受歡迎的區塊鏈技術開發平台，並贏得了「世界電腦」的美名。更重要的是，它成為了一個全

球結算層，幾乎全部的加密貨幣都能夠在以太坊互換互連，讓數位資產的交易更加流暢。如果比特幣是區塊鏈 1.0 的代表，那麼以太坊無疑是區塊鏈 2.0 的模範。

▶ 屬於世界公民的超級電腦

這是由以太坊創始人維塔利克‧布特林鍥而不捨構建的一個華麗世界。他夢想中的區塊鏈，應該是可以讓所有人發揮創意，具有靈活程式編寫的功能，我們可以利用這個平台來編寫程式，實現各式各樣的功能轉換。

這裡說的「功能轉換」，其實是維塔利克對比特幣的獨特見解。他認為在比特幣的世界中，區塊鏈就像一本記錄權利變更的日記本，本質上就是變更的記錄。而他為以太坊所設計的理念，是讓這個平台具有更多可能性，在以太坊上運作的程式，也就是我們常說的「智能合約」。

近年來，以太坊區塊鏈和智慧合約的應用，使得大量的新代幣充斥市場，轉眼間，以太坊已經成為了僅次於比特幣的熱門生態系統。以太坊的影響力非常大，現在最受

歡迎的區塊鏈項目若不是支援以太坊，就是結構與以太坊相似。

接下來就要來說明一下維塔利克的夢想具體是什麼。其實他的理念可以分為三大部分：

1、容納更多程式的全新區塊鏈：讓更多的程式與運算，在這個虛擬世界裡自由地運作。

2、發展更強大的運算語言：他認為，該語言要有能力處理所有可能的運算，也就是所謂的「圖靈完備[19]」，以此強調以太坊的靈活性，並與比特幣的封閉式運算模型有所區隔。

3、透過程式創建智能合約：他希望在以太坊這個平台上，用戶能創建自己的智能合約，可以在觸發後改變區塊鏈的狀態，用戶間的數位資產也能自由轉移。

---

19 圖靈完備：描述一個計算系統是否具有足夠的能力來解決任何可計算的問題，無論多麼複雜。例如 Python、Java、C++、JavaScript 等都是圖靈完備的程式語言。

▶ 以太坊的活躍應用

在以太坊的白皮書中，維塔利克還提到，以太坊的平台上可以開發出三大類型的應用，提供更多可能性的探索空間。這三大類分別是：金融應用、半金融應用以及非金融應用。

1、金融應用：這種應用讓你更靈活地運用你的錢，參與各種金融合約。這包括金融衍生品、避險合約、儲蓄錢包，甚至是遺囑和僱傭契約。

2、半金融應用：雖然這裡也有錢的存在，但其實非金錢的部分同樣重要。例如為了解決挖礦計算問題，程式自動執行的獎賞。

3、非金融應用：例如網路投票以及去中心化的組織治理（DAO）[20] 等。

---

20 去中心化的組織治理（DAO）：簡單來說，DAO 是一個由電腦代碼及程式所管理的組織。它能自主運作，而無須中央機構介入。

上一波牛市 2020 ～ 2021 年，金融應用是諸如交易、借貸、資產管理等 DeFi 應用引爆「DeFi Summer」，而半金融應用則是 2021 年出現的區塊鏈遊戲（GameFi）、藝術品 NFT 交易及元宇宙熱潮。

▶ PoS 帶來的前景

以太坊已經成為最繁榮的公鏈，而其創始人維塔利克持續專注於一個重大的轉變——他想要改變挖礦的方式。維塔利克認為，工作量證明（PoW）浪費了太多的資源，並且阻礙了許多新手的參與。他的解決方案是轉變為權益證明（PoS）方式，進而開創以太坊 2.0 的新階段。這不僅是一個長時間的改變過程，同時還涉及到許多需要解決的問題和利益分配。舉例來說：以太坊當時擁有為數最多的礦工，一般人要買專用礦機來挖比特幣的難度比較高，而以太幣則只需要使用 GPU，也就是電腦的顯示卡就能挖礦，成本相對低廉。在轉換為 PoS 之後，礦工可能面臨收入中斷的命運。

我在 2021 年下半年，嘗試參與了以太幣的挖礦，如果就財務效益來看，這是一次失敗的投資。但是，從採購機器到安裝挖礦軟體與設定參數來說，我對什麼是「挖礦」有不同於局外人的感受。我更能理解礦工對於區塊鏈生態的重要性，同時也相信 PoW 並不會消失，因為倚靠真實電力消耗所堆疊出的堡壘，必定會在某些極端狀況來臨時，發揮它的效益。另一方面，2022 年 9 月以太坊正式完成巴黎升級（The Merge），以太坊也正式轉變為權益證明（PoS），脫胎換骨的以太坊，帶來幾個明顯的改變：

1、刺激以太幣的市場需求

以太坊將其共識機制由「工作量證明」（PoW）更換成「權益證明」（PoS）。未來參與以太坊網路共識機制需要用到以太幣，也就是說你需要用它來質押[21]。這將刺激對以太幣的需求，讓更多人有意購買和使用以太幣。

---

21 質押：如果你想要成為一個驗證者，就需要鎖定一定數量的以太幣，這個動作就叫作質押。

2、解決質押困境

作為一個驗證者，以往參與質押可以領到獎勵，但無法贖回。上海升級後就可以自由取回先前所質押的以太幣。資金的投入跟取回變得更靈活，這個變化將吸引更多的人來參與驗證工作，提升以太坊的去中心化程度。

3、質押服務商的良性競爭：

質押者可以根據收益、用戶體驗和費用重新評估如何質押或選擇服務商。儘管質押年化收益率持續走低，但截至 2024 年 3 月，以太坊全網總質押數超過 4,000 萬，質押率高達 34%。我們可以想像，如果這些持有以太幣的人，只是時常在市場交易的短期炒家，他不會把以太幣鎖起來。由此可見，質押者對以太坊生態具備長期信心。

4、網路效率和可擴展性的改善

緊接著 2024 年 3 月的坎昆升級使以太坊網路的運行速度和效能兩大指標有了明顯提升。舉例來說：在 Layer2 的交易成本下降了 99%，交易速度提升 50 ～ 100 倍。

產業新賽道

　　即便在比特幣誕生後 16 年的今天，一般民眾對加密貨幣的看法依然相當淺薄。一種是認為它是一種投機賭博的工具；另一種則認為它是詐騙工具，是毒蛇猛獸。但其實工具是中性的。一把刀可以傷人，也能拿來做料理、改善生活水平。因此，在還沒有對一個工具有完整的了解的狀況下，就不去接觸跟認識，只會造成更多的誤解與迷思。先前我們討論了比特幣、以太幣以及它們的生態，但這僅僅是區塊鏈及加密貨幣能做的一小部分。

　　未來區塊鏈與加密貨幣將會越來越「看不見」，因為它將會逐漸成為一種「基礎設施」。舉例來說：銀行傳統金融跨國匯兌都仰賴一種規格，大家可能也聽過叫 SWIFT，它們正在測試以區塊鏈技術的跨銀行交割系統。未來如果實現，對一般使用者來說，根本沒感覺，但它將會是一種真實的進步，並大幅降低成本以及增加效率。當區塊鏈成

為基礎設施之後，就會延伸出全新的合作商業模式和生態。這些生態的合作不再依靠現有的合約和個人或企業的信用背書，而是依靠區塊鏈技術的保障。區塊鏈的應用場景以及發展路線有哪些機會？我們逐一為你揭曉。

▶ 賽道① RWA 實體世界資產

關於加密貨幣談及的商品，幾乎都是虛擬的，圖片、土地、道具……一切都是虛的，項目的發行者，只要寫寫程式就可以憑空創造出來。**實體資產代幣化（RWA-Real World Asset）就像將傳統市場中的商品搬到了網路商店，讓網路的顧客也能購買這些商品。**不只是大型商場的商品能上網，平價超市券、二手商品、甚至是藝術品等各種形式的商品，都能通過這個方式進入網路商店。商品的選擇和報酬範疇都變得更加豐富和多元。

RWA 逐漸被市場所關注，可能有幾方面的原因：

1、加密市場缺乏低風險資產：

傳統金融市場在連續升息的浪潮下，美國公債的無風險利率已經抬升至 5% 甚至更高的水平，對於加密原生市場的投資者來說具有足夠的吸引力。與這個現象對應的是 2020 ～ 2021 年牛市期間，有不少傳統資金進入加密市場，藉由套利等策略賺取低風險收益。透過 RWA 引入傳統市場中低風險高收益的產品，可能受到部分投資者的歡迎。

2、固定收益：

加密貨幣市場發展至今，只要遇到熊市，除了苦撐，沒有其他辦法，而 RWA 是目前少數有堅實收益支撐的賽道，在穩定收益的需求殷切之下，可能有爆發式成長。

3、傳統金融和加密貨幣的橋梁：

經由 RWA 也有機會吸引傳統市場的新用戶，注入新增流動性，這無疑對於區塊鏈行業的發展是一種利多。

當然，並非所有的 RWAs 都會在這個週期內「成功」。簡單、可替代的資產如國庫券，將先行一步，債券居中，房地產次之。區塊鏈原生者想要實體世界的收益，熟悉區塊鏈操作的傳統金融業者想獲得更便宜的美元，雙方都對加密貨幣有一定了解，而且保管和用戶體驗也比 2018 年有了很大的改善。

　　現階段的 RWA 賽道，底層資產主要分為以下幾類：

1、債券類資產：主要是短期美國國債或債券 ETF。典型代表包括穩定幣 USDT、USDC，它們背後都有短期美國國債或現金作為支持。部分借貸項目，比如 Aave、Maple Finance 也加入這一陣營。國債／國債 ETF 是目前占比最大的 RWA，例如 Ondo 發行的 $OUSG 代幣化美債和 $OMMF 代幣化貨幣市場基金。連實體黃金也有對應的鏈上的代幣發行。

2、**地產類 RWA**：典型代表是 RealT、LABS Group 等。類似於將房產打包之後做成 REITs[22] 然後在區塊鏈上交易。這類型的地產來源廣泛，項目方團隊往往會選擇自己的城市作為資產的主要來源地。

3、**貸款類資產**：典型類型如 USDT、Polytrade 等。資產的種類較為廣泛，包括個人住房抵押貸款、企業貸款、結構化融資工具、汽車抵押貸款等。

4、**證券類資產**：典型的項目包括 Backed Finance、Sologenic 等。資產種類包含了股票與 ETF 等等，但是極大受限於法律合規的問題。

5、**文化產業**：包括棒球卡、寶可夢卡等。舉例來說，

---

22 REITs：Real Estate Investment Trust，中文名稱是「不動產投資信託」。它將不動產證券化，變成一張張的股票在公開市場交易，讓一般資金不多的人也能透過持有股份的方式投資不動產。

Courtyard.io 因為在 Polygon 上發布寶可夢卡牌而引起了轟動。Courtyard 不只提供代幣化服務，更是一個交易市場。它讓收藏家可以保存自己的卡片並進行代幣化，或者購買、銷售其他人上鏈的卡片。其中一些卡片價格甚至低至 5 美元，而且常常在幾秒內就被一掃而空。平台上的每一張卡片都會經過嚴格鑑定，之後才會存放在 Brink 的保險金庫中。如此一來，關聯的 NFT 無論在何時都能維持其完整性和可兌換性。

▶ 賽道② DePIN 去中心化共享經濟

DePIN，也就是「Decentralized physical infrastructure networks」的英文縮寫，在中文裡我們可以將其解釋成「去中心化的實體基礎設施網路」。**DePIN 的主要想法非常簡單，透過使用代幣作為一種激勵方式，鼓勵大家去參與和創建我們現實生活中必要的實體基礎設施，也能輕鬆地把已經有的資源安全地共享出來。**舉例來說，如果你在家裡安置了一個網路熱點，你就可以獲得代幣作為回

饋。換句話說，這個系統鼓勵更多的人參與，因為參與的人越多，該地區的網路信號就會變得越強，從而創造出一種正向的循環。

除了網路訊號熱點，去中心化的檔案儲存空間（雲）、雲端 GPU 運算能力、網路頻寬等，目前都有加密貨幣的項目正在嘗試中。這種系統除了提供獎勵，還傳達了極具革新性的理念。DePIN 是在打破傳統的基礎設施模式，將權力回歸給群眾，讓每個人都可以成為基礎設施的一部分。這種模式將使更多的區域能夠訪問到重要的網路服務。

不只是在城市，這個理念在偏遠地區，乃至於發展中國家，尤其是基礎設施短缺的地區，更具有革命性的意義。讓使用者通過分享自己的閒置源來換取利益，同時也為整個社群帶來便利。

然而，目前 DePIN 仍處於起步階段，未來還有很多需要觀察和解決的問題。例如怎麼確保每一個貢獻者能得到公平的報酬？如何避免某些人濫用此系統來獲取不正當的利益？這些問題需要經過時間和經驗的積累才能解決。

▶ 賽道③ GameFi 邊玩邊賺

GameFi 的概念其實早在 2019 年就被 MixMarvel 的首席策略長瑪莉（Mary Ma）在一場演講中提出，它指的是遊戲化的金融和商業體系。然而，真正讓大家對 GameFi 有清晰認識的，則要等到 2020 年 9 月，當時 DeFi 之夏（DeFi Summer）正如火如荼，Yearn Finance 的創辦人 Andre Cronje 提出了他對 GameFi 概念的理解，認為 DeFi 產業可能從現在的「TradeFi[23]」演進到未來的「GameFi」階段。

2021 年，一款名叫 Axie Infinity 的區塊鏈遊戲突然火爆，這款遊戲讓玩家可以透過購買遊戲道具和遊戲幣來參與，並且可以藉由遊戲獲得收益，將獲得的遊戲幣換成其他加密貨幣。

---

23 TradeFi：傳統金融（Traditional finance）的簡稱。

這種模式被稱為「邊玩邊賺」（Play to Earn），打破了過去玩家只是遊戲的「消費者」的傳統框架。 在這種新的框架之下，遊戲玩家不再只是「玩」遊戲，他們還可以「賺錢」，而這些收入是由市場而非中心化的遊戲公司所決定的。

當我們看到 GameFi 遊戲熱度高漲、更多人投入其中，我們常常會好奇，這些人是真的對遊戲有興趣，還是只是想透過遊戲獲取利益？多數時候，大部分的人只是想透過GameFi 的投資賺錢。眼看初期的玩家因為後來者接棒而獲利，最後一個接到棒的人可能就會傷痕累累。

要讓一個 GameFi 遊戲能長久發展，我們必須找到吸引新資金的方法。如果大家都希望用更高的價格接盤賣出，這無疑是個坑，因為當所有的錢都被前面的玩家賺走，後期的玩家根本找不到新的資金來繼續遊戲，結局只會是快速崩盤。

許多 GameFi 專案通常會有一個問題：因為極度依賴代幣價格，在價格達到巔峰點之後便會瞬間滑落，引起大量

用戶退場。過程一般進行如下：當市場行情看好，玩家看到賺錢的機會，便大量入場，接著，由於玩家的投入，使得代幣價格上漲，回報週期變短，造成大家對賺錢的憧憬，但這種過熱的場景總會遭遇冷靜的時刻，當大部分人賣光自己的持有份額，市場便趨冷，連帶代幣價格劇跌，這種恐慌情緒會讓更多人趕緊割肉停損，結果只會導致代幣價格更走低，最後專案可能會隨著市場的大規模退場而亡，這就是我們常說的「死亡螺旋」。常見的 GameFi 項目的一大難題是，它過度依賴代幣的價值來推動業務。一旦代幣價格在高點之後快速下滑，就可能導致用戶流失，甚至讓項目走向結束。

換句話說，要讓一個遊戲進行永續的發展，我們需要的不只是新玩家的投資，更需要找尋更多的資源來源。把現有的獲利模式從依賴新玩家轉為開發各種收入管道，讓遊戲生態系統從內部循環變成廣包各種外部資源，這就是我們跳脫龐氏魔咒的可行之道。

舉例來說，傳統遊戲業界已然發展出成熟的商業模式：IP 營運、遊戲內外的廣告投放、專業遊戲賽事營運等等，

這些都是我們可以學習借鏡的。比如《英雄聯盟》和《王者榮耀》，這兩個 Web2.0 遊戲，都有屬於它們自己的全球賽事，並且也成功地建立起電競產業鏈，吸引了各大企業的贊助。現在有許多品牌，像是 Nike、adidas 等，已經在所謂的 NFT 領域中嘗試創新。它們未來也有可能進軍鏈遊市場，畢竟鏈遊市場裡的 Z 世代消費者，正好是它們重點鎖定的目標族群。

因此，GameFi 未來的重要發展方向，就是回歸遊戲的中心價值：以玩家為核心，服務真正的遊戲消費者，而不只是部分的投資者。這種「用戶為中心」的發展視角，一直是電子遊戲近 50 年發展的本質，未來也不會改變。一個遊戲，不管它的經濟模式如何改變，最重要的始終是能為玩家帶來愉快的體驗，這才是 GameFi 生態的永續動力。

或許，讓遊戲從「為了賺錢而玩」（Play to Earn）變成「玩的同時也能賺錢」（Play and Earn），才是 GameFi 的理想發展之道。

開通你的數位交易所

　　為了讓你能夠快速上手，我建議你選擇國內的交易所來開始你的加密貨幣之旅。台灣主流的交易所包含 MAX 交易所、BitoPro 幣託等。未來合規的交易所一定會是台灣虛擬資產公會的成員，因此未來只要不在名單上的交易所，你一概都要視為「詐騙」，以策安全。國內交易所開戶，不需要本人到現場開戶，只需要依據 APP 的指示操作即可，這個過程大概跟你註冊一個網站差不多。差別在於「實名認證」，為了確保你出入金的資金安全，必須上傳你銀行存摺的封面影本，以後入金只能用這個存摺，出金也是。如果你只是要開戶以後先觀察觀察，流程應該不到五分鐘；如果你認真要開始入金買幣，那完成相關文件審核可能需要 1～2 個工作天。

▶ 數位交易所有兩種

當談到加密貨幣交易所時，我們通常會遇到兩種主要類型：中心化交易所（CEX）和去中心化交易所（DEX），這兩者之間存在著明顯的區別。

1、中心化交易所

你可以把中心化交易所想像成一個網路的證券商，如果之前你有操作過股票，應該對它的介面不會太陌生，唯一的差別只有上面交易的不是股票，是加密貨幣而已。同時，交易所常常會辦許多線下活動，例如你可能會在台北的金融科技展當中發現它們的攤位，或是舉辦演講。這樣的曝光跟活動，無形中拉近了用戶的距離，也增加了用戶的信心。因此許多人加密貨幣的第一站，都會是中心化交易所。

然而，中心化交易所的風險在於，客戶購買的幣並不在他們自己的控制範圍內，而是放在公共錢包裡，交易所只是給客戶一個表面上的數字，讓他們監控自己的幣的變

化。好處是開戶到下單的體驗非常流暢，就跟你開證券戶一樣，但問題是台灣的證券商有政府的嚴密監管，客戶的交割款項流向也有重重管制，避免證券商盜用客戶資產，而加密貨幣交易所則沒有這個監管的保護。因此我們在2022年就親眼見證了當時全球規模第二大的交易所FTX轟然倒下。「君子不立於危牆之下」是我在FTX事件後的切身體會，即便你對這個交易所充滿感情與不捨，一旦有任何風吹草動，立刻把資金提領出來才是你該做的。

中心化交易所其實是一個不透明的黑盒子，舉例來說：一般我們如果要下單，我們只能是在訂單簿上面慢慢排隊。但是面對某些大客戶，交易所其實是可以繞過這些訂單簿直接與造市商洽談交易價格，而且交易所掌握了所有客戶訂單的狀態，甚至它本身持有的部位就很大，因此交易所經常被懷疑是某些市場價格大幅波動的主因，網友戲稱交易所就是「莊家」，它們會把價格殺到做多部位的停損價，然後又把價格拉到做空者的停損點，在價格線圖上呈現一個上下劇烈震盪的狀況。

選擇交易所的一個核心問題就在於當你將錢包交給交

易所保管，要如何確保交易的資金安全。挪用客戶資產的風險，是我們應該防範的問題。

　　值得一提的是，香港對於發放執照給新的交易所，也加強了對運營交易所的機構的審查，確保客戶的資產受到嚴格的託管。這種作法突破了交易所一般做法，並且可以有效防止交易所監守自盜。

2、去中心化交易所

　　去中心化交易所起源自 DeFi 的概念，期待以單純的代碼來取代中心化的組織中介交易的功能，當初創造出 DEX 就是希望能不用像傳統的交易方式那樣，依賴一個中心機構來管理各種交易活動。也因此，所有的交易都會直接在區塊鏈智能合約上完成。這樣的特質不僅減少了中間人的干預，也確保了交易的獨立性和公正性。然而，去中心化交易所在交易上的體驗還跟不上中心化交易所，舉例來說：使用去中心化交易所必須先有錢包，但是安裝錢包的過程又是一道門檻，而且鏈上交易需要燃燒 Gas fee，也就是要繳買路財給以太坊，這筆費用在早期的以太坊是比中心化

交易所還貴的。因此若有新手小白想買幣，我還是建議你直接使用中心化的交易所來買即可。

既然如此，為什麼我們還需要去中心化交易所呢？

去中心化交易所並不像傳統的交易方式那樣需依賴一個中心機構來管理各種交易活動。在這裡，所有的交易都會直接在區塊鏈智能合約上完成。任何人無須註冊或驗證，都能即時進行交易，大大簡化了開戶流程，使你可以更快速、更靈活地進行交易，也讓用戶的隱私有充分的保障。與中心化交易所相比，這裡不需要用戶進行 KYC 的認證（Know Your Customer，一種金融機構用來驗證身分的程序），可以讓對隱私特別要求的人可以安心地使用。

此外，去中心化交易所與中心化交易所最大的差別在於：使用者是否對自己的資產擁有控制權。交易所號稱自己有多安全、規模有多大，我們就應該信任它們嗎？這個問題就好像在問你，你的錢都放銀行裡，你應該信任銀行嗎？你可能會說如果銀行有存款保險，那你可以部分信任。對的，這是正確答案，像是 2023 年，美國也爆發了地區銀行的倒閉風潮，最終只有存款保險範圍內的資金能夠

獲得賠償，這就是中心化的風險，我們永遠應該心懷警惕。相對的，使用去中心化交易所，你是透過你的錢包與交易所交易。舉例來說，你購買了一顆以太幣，完成交易之後，你的錢包與交易所網站便中斷連線，你的資金就安全地存放在自己的錢包內了。即便此時交易所遭駭也不會對你有任何影響，你擁有了對資產的掌控權。

　　當然，隨著你參與加密貨幣的時間越長，你對各種工具的使用會更熟悉，屆時你在使用去中心化交易所也就會更加得心應手。我們這裡就不展開詳細操作流程。

中心化 vs. 去中心化，差別在哪裡？

	中心化交易所 CEX	去中心化交易所 DEX
控制方式	由交易所擁有者或運營商全權控制	無中央機構，直接在智能合約上進行交易
法幣支持	支持法幣（例如美元、台幣）的存款和提款	不常見，主要以加密貨幣交易為主
身分驗證	需要用戶進行身分驗證（KYC）	用戶可以即時交易，無須註冊或驗證
客戶服務	提供較佳的客戶服務，例如 24/7 客服	由於無中央機構，無專職客戶服務
私鑰管理	用戶的私鑰由交易所管理，存在中心化風險	保護用戶隱私，用戶完全控制自己的私鑰

▶ 中心化交易所①幣安

幣安交易所成立於 2017 年，由趙長鵬所創立，是目前全球交易量最大的加密貨幣交易所。它發展的速度非常快，在短短幾年內，就成長為全球最大的加密貨幣交易所，這主要得益於以下幾個因素：

1、交易量大，流動性好

2、交易品種豐富

3、交易介面簡單易用

4、多元金融商品

幣安巧妙地使用了一個特殊的商業模式，舉例來說，原本交易時可能需花費 10 美元的費用，但是如果使用幣安幣（BNB）支付，手續費就可以明顯降低。這個手法目前也被大多數的交易所仿效。

為了增加幣安幣的價值，它會定期進行幣安幣的銷毀，讓幣安幣的供給量減少，進而增加價值，可以看作是傳統公司股票回購的一個類似過程。它在短短的幾個月

內，市值就突破 10 億美元，目前是全球第四大最有價值的加密貨幣，也讓創辦人趙長鵬成為了加密領域的新富豪。

幣安規模目前是全球最大，但趙長鵬在 2024 年遭美國聯邦法院起訴多項罪名，包括洗錢、違反銀行保密法以及並未替匯款業務註冊等刑事重罪。幣安同意支付超過 40 億美元罰金，根據協議，幣安將接受美國政府指定機構對其業務的監督，並全面退出美國市場。幣安目前落腳杜拜，取得阿聯酋虛擬資產服務提供商許可證。

▶ 中心化交易所② OKX

OKX 它原名叫 OKEx，是由徐明星在 2017 年成立的。它曾經是中國最大的三個交易所之一，和幣安齊名。

你可能會說，我想多元化投資，OKX 能合我的口味嗎？OKX 支持 350 多種加密貨幣交易，並且主打合約交易，交易流動性又好，換句話說，就是當你想進行交易，很快就能找到買家或賣家。費用方面也有平台幣的優惠，手續費低於幣安，甚至有特定交易免費的活動。

再來說說它的一站式服務，OKX 能支援 Web3 錢包、NFT 交易等功能，可以滿足你在幣圈的各種需求。

　　在交易所的安全上，OKX 畢竟是老江湖了，早已經歷上上下下的牛市與熊市驗證，相對讓人放心。某些交易所即便有公開交易所的資金儲備，但其中交易所自行發行的平台幣可能佔很大比重，即便目前的數字很好看，但只要交易所有任何風吹草動，這些平台幣的價格就會迅速崩盤，畢竟平台幣就是依附交易所而生的。好在 OKX 的資金儲備並不包含平台幣（OKB），這點保證了它們資產結構的健康。

　　另一個讓人印象深刻的是它的「策略交易平台」，策略交易就是一種交易機器人，可以 24 小時不間斷地依據指令執行交易，特別適合運用在全天候交易的加密貨幣市場。與手動交易相比，策略交易具有降低交易風險、減少操作成本以及掌控交易時機等優勢。此外，OKX 還提供智能化參數協助你更科學地設置交易參數，並附上圖文和影片課程，方便使用者快速掌握技巧。

2020 年 10 月，OKEx 因涉嫌與場外交易商（OTC）有關的詐騙案，暫停了全體用戶的提幣服務。他們聲稱一位加密貨幣私鑰負責人失聯，因此無法完成授權。雖然重新開放後，曾爆發大量提款潮，但幸好 OKX 並未「被提到垮台」。OKX 公司總部登記在塞席爾，但這顯然只是一個空殼，這也表示它依然存在巨大的信用風險。

▶ 中心化交易所③ MAX/MaiCoin

MAX 是一家台灣的加密貨幣交易所，成立於 2018 年，創辦人劉世偉同時也是台灣老牌數位貨幣服務商 MaiCoin 集團創辦人。它的特點之一是支持台幣入金，讓用戶可以方便地進行交易。此外，MAX 還提供了多達 19 種以上的加密貨幣交易對（例如 ETH 對 BTC 或 ETH 對 USDC），讓用戶有更多選擇。值得一提的是，MAX 與遠東銀行合作，設立了新台幣信託，以確保用戶的資金安全。此外，MAX 還是台灣第一家開設實體門市的加密貨幣交易所，位於台北市八德路。

▶ 中心化交易所④ BitoPro

　　「幣託」（BitoPro）是一個在 2018 年成立的加密貨幣交易所，為廣大的台灣人所熱愛。創辦人鄭光泰不僅創立了這個平台，也是 BitoEx——另一個台灣知名的比特幣錢包及交易平台的創辦人。BitoPro 也支援台幣進行交易，提供了 30 種不同的加密貨幣交易對。另外，它為使用者推出了債權認購平台，讓使用者可以擁有被動收益的方便來源。此外 BitoEx 也攜手全家便利商店，一般民眾可以直接在全家購買加密貨幣。最近你甚至可以在全家的會員 App 中，使用 9,000 點來兌換價值 30 元新台幣的比特幣。

高利率是從何而來？

　　交易所內的高利率來自哪裡？除非是交易所為了吸引客戶，在營運的前期用行銷預算提供高利來吸引新客戶入金，否則它是不可能長期做虧本生意的。這裡活存的高利率，其實是交易所經營期貨合約交易所收取的費用。你可以想像成開設槓桿交易的投資人，跟交易所借錢而付給交易所的利息。舉例來說：加密貨幣交易所最流行的合約產品是「永續合約」，永續合約的「資金費率」每八小時收取一次。當行情出現一面倒的看多或看空時，年化的利率可能超過 100%。

▼◤ 境內交易所的限制 ————————————

　　根據台灣的「管理虛擬資產平台及交易業務事業（VASP）指導原則」，境外的虛擬資產平台業者必須在台灣按照公司法辦理登記後，向金管會申報，並完成反洗錢法規的聲明程序，才能開始在我國境內或向國人招攬業務。

　　2024 年「中華民國虛擬通貨商業同業公會」正式由內政部審核通過，合規的中心化交易所在台灣數量正持續增加，可以提供法幣與加密貨幣之間的交易和提領。例如，透過 Max、MaiCoin、BitoPro 等交易所，可以將台幣換成各種加密貨幣，如 USDT、USDC、以太幣或比特幣。

　　然而，當前國內中心化交易所面臨一些困境：只提供換幣服務的利潤並不豐厚，而且必須符合許多法律規範，其中最重要的是需要完成 KYC（客戶身分驗證）和防止洗錢。

那麼，有需要再去申請國外的交易所帳號嗎？答案是肯定的，因為國內交易所目前還是有其侷限性：

1、交易深度不足：

交易深度是指市場在承受大額交易時，幣價不出現大幅波動的能力。我們可從交易所的「掛單量」和「價差」兩個指標來理解交易深度，掛單量大、相鄰掛單之間的價差小，就說明交易深度好。國內交易在一般市場狀況交易是沒有問題的，但如果遇到市場劇烈變動，成交量大增時，則可能會出現幣價嚴重偏離市價的情況。

2、交易幣種受限：

現在全球加密貨幣被 CoinMarketCap 收錄的大約有 5,500 種，而台灣交易所最多只上架 15 ～ 20 種。事實上，不論上架哪一種加密貨幣都必須負擔成本，這包含技術性、非技術性成本（例如找到配合的造市商，確保產品的流動性）。因此，交易所規模大、投資人多，才有本錢新增投資人偏好交易的加密貨幣。

3、欠缺 API 介面：

我們可以把 API 簡單理解成「機器與機器對話的對講機」。加密貨幣對交易機器人或程式交易的需求度高，為了確保交易的安全性及正確性，透過 API 讓機器與機器間直接對話，同時限制機器只能在我們授權的範圍內進行交易就非常重要。但國內交易所目前都尚未開通 API 介面，換句話說，我們無法透過 API 在國內交易所使用程式交易。

加密錢包不裝錢，它是鑰匙

　　前面的文章，我們不時提到一個名詞「錢包」，而且你也知道中心化交易所最大的風險就是它捲款潛逃，讓你追索無門。想要進入 DeFi 的世界，甚至談到未來的「元宇宙」，一個錢包將會是一把打開 Web3 魔法世界的鑰匙。因此，我們來談談錢包的基本概念。

　　這個錢包既不是你口袋裡的錢包，也不是街口或是 Line Pay 的錢包，這個錢包是能讀取區塊鏈數據的加密錢包，相對於街口或是 Line Pay，我們可以把它稱為「去中心化錢包」，因為使用街口或是 Line Pay 我相當於把資產交給這個倉庫，然後委託專人去看管。去中心化錢包不是倉庫，而是一個區塊鏈瀏覽器，它不會保存任何資產，但是可以幫你讀取帳戶資料。你可以想像一個畫面，你走進銀行，銀行有一整面牆的保管箱，可以保管客戶重要的物件。加密錢包並不裝錢，而是一把鑰匙。在整面牆的保管

箱中，有一個保管箱是匹配這把鑰匙的，你能打開這個保險箱，查看你保存的物件。

　　所以你現在知道，其實「錢包裡沒有錢」，它只是鑰匙。當我們在持有、轉入或轉出加密貨幣時只需要一個錢包地址，這個地址包括一個公鑰和一個私鑰。公鑰就是一長串的程式碼，相當於保管箱的帳號名稱；私鑰相當於個人設定的密碼。公鑰本身是公開的，知道公鑰可以在公開的網路中查詢到這個錢包地址中的所有交易往來、地址內現在所剩餘的加密貨幣數量，而知道私鑰的情況下就對錢包內的加密貨幣有掌控權。由於私鑰是由一連串的英文與數字所組成，記憶相當困難，因此密碼學家將私鑰轉換成12個或24英文單字，稱之為「助記詞」，幫助記憶及避免打錯字。而錢包依照私鑰儲存的方式又分為熱錢包和冷錢包。熱錢包即連網錢包，用戶可以在網路和手機上轉移加密貨幣，而冷錢包就是離線錢包，類似行動硬碟，不連網。

▶ 加密錢包① Web3 錢包

我猜因為熱錢包這個名詞，可能會令人覺得疑惑，因此近年市場已經不再稱呼連網錢包為熱錢包，改稱為 Web3 錢包，也就是引領用戶從網際網路的 Web2 時代，轉移到 Web3 的概念。MetaMask（小狐狸）是一款可以在電腦、iOS 和安卓系統上運行的加密貨幣錢包，透過 APP 和瀏覽器外掛（Extension）就可以使用！小狐狸錢包也是幣圈人最普遍擁有的錢包，以下是幾個基本功能：

1、「存入」、「發送」與「兌換」加密貨幣：例如將交易所內的以太幣轉到 MetaMask 錢包，或是將 MetaMask 錢包內的以太幣轉給朋友。也可以透過兌換的功能將以太幣轉成其他的代幣。

2、與區塊鏈應用程式互動：最常用的功能就是 DeFi 去中心化金融，例如：用 Uniswap[24] 兌換不同加密貨幣、借貸、流動性挖礦等。

3、蒐藏 NFT：目前流行的 NFT 平台都會要求使用者下載 MetaMask。MetaMask App 版目前也支援查看 NFT 的功能，你可以在手機上欣賞自己擁有的數位蒐藏品。我建議大家先申請電腦版 MetaMask 的 Chrome 外掛，使用起來比較簡便。

小狐狸曾經一度是加密錢包的王者，但這個局面在 2023 年出現變化。小狐狸使用者體驗不佳，面對層出不窮的 NFT 詐騙事件時，也顯得被動、無能為力，這一切都讓加密貨幣無法廣為普遍。

此時，中心化交易所出手了！可說是對錢包生態投下震撼彈。OKX 首先推出 Web3 錢包，豔驚四座。緊接著

---

24 Uniswap：目前市占率最高的去中心化交易所，由 Hayden Adams 於 2018 年創立。

Coinbase、幣安、Bitget 紛紛接力推出。交易所推出的
Web3 錢包，解決了幾個小白投資人的困擾：

1、註冊錢包好複雜？

幣安與 OKX 錢包兩者都建立在其原有的手機應用程式
之中，如果用戶已經有幣安帳號就可以一鍵開通 Web3 錢
包。OKX 錢包甚至不需要是 OKX 的用戶，也能直接開啟。

2、私鑰掉了，加密貨幣跟著不見？

只要是去中心化錢包，私鑰都是由用戶自行保管，不
過保管方式有升級，也變得更方便。以 OKX 錢包為例：它
採用一種多簽錢包架構（MPC）的技術，讓用戶將私鑰分
成三個片段。第一部分保存在用戶的設備上，第二部分保
存在 OKX 上，第三部分則可儲存在 Google Cloud 或 iCloud
上。用戶並不會看到完整的私鑰，不過若用戶忘記私鑰
時，可以藉由密碼與 iCloud 回復錢包。

如此一來既不會被交易所倒帳，也不會掉了私鑰就找
不回資產。當然，用戶還是可以選擇 MPC 模式或是「自託

管」模式，後者就如同 MetaMask 給予用戶完整私鑰抄記或連結冷錢包。

3、操作介面更親切友善：

原本我也在考慮要不要放上 Step by Step 的錢包安裝教學，但在交易所的 Web3 錢包推出之後，我相信每個人都可以簡單上手。你可能只是輸入常用的 Google 帳號，錢包就完成了，沒有任何難度。同時，由於整合了中心化交易所，你可以簡易地刷卡買幣，買完之後轉到自己的錢包，還沒有成本。整個流程都在同一個 App 裡完成。另外，不論你想使用去中心化交易所或是購買 NFT，Web3 錢包都已經將介面整合好了，你不需要自己去尋找去中心化交易所（如 Uniswap），一鍵就能完成在去中心化交易所的購買代幣或是兌換的動作。相同的，購買 NFT 也是一樣簡單容易。可以說，中心化交易所推出的 Web3 錢包一下子把使用者參與的門檻抹平了，小白也能輕鬆上手。

▶ 加密錢包②冷錢包

冷錢包指保持長期斷網狀態的錢包，主要用來做大額資金的保管，並盡可能隔絕各方面的安全隱患。因此日常也很少動用冷錢包。最簡單的冷錢包是紙錢包，可以把「助記詞」記在一張紙或刻在鐵板上，只在需要的時候找出助記詞導入使用。

另外，也可以購買專用的硬體錢包，其本身不連網，而只透過 USB、藍牙或掃碼等方式連接到另一個錢包介面使用，私鑰本身也保持斷網狀態。

然而，我不建議新手同學使用冷錢包。原因是除了安全之外（如果你沒有搞丟你的私鑰），它兼具了所有討人厭的特點：操作介面不友善、成本高（不論是金錢還是學習成本）、交易不流暢等等。

市場上的龍頭品牌如 Ledger，它是一家於 2014 年在法國成立的公司，旗下擁有八位具備嵌入式安全系統工程、加密貨幣及企業經營等專業背景的專家。它的冷錢包在外

觀上就像是一個 USB 隨身碟。私鑰儲存於硬體中，只有在收發加密貨幣時才連到電腦與網路，並且有實體按鈕要使用者授權，可以大幅降低資金被駭客盜走的風險。如果你考慮購買 Ledger 錢包，我建議你直接從官方網站進行購買。過去在中國的淘寶網站上，就曾出現販售植入惡意軟體的錢包，導致買家的資產被盜的事件，因此請你務必注意自己的資產安全。

另外，CoolWallet 是由台灣的業者 CoolBitX 推出的冷錢包。CoolWallet 的獨特之處在於，它把冷錢包的設計風格縮減到信用卡的尺寸（僅有 0.8mm 厚和 6g 重）。如果需要外出，將冷錢包放在皮夾中變得極其便利，且卡片具有防水和抗衝擊的特性，電量更是可以持續 2 ～ 3 週，只是一般沒必要，我也不建議大家帶著冷錢包趴趴走。

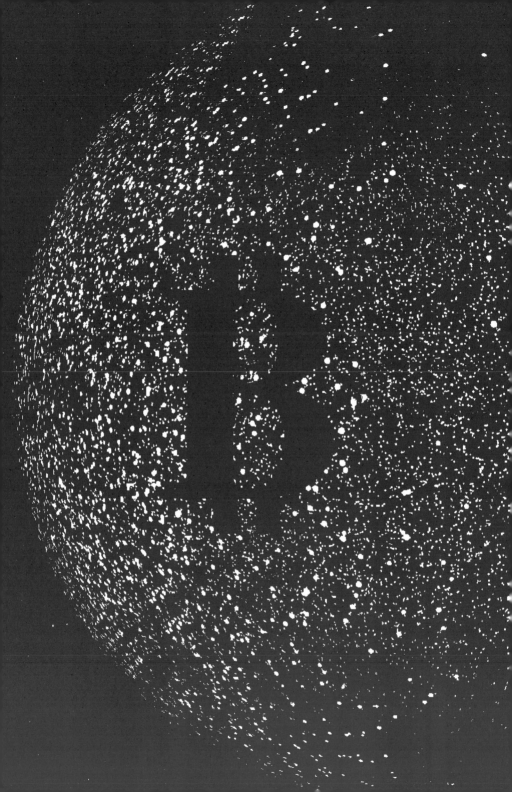

4

觀察·
泡沫化的魔幻時刻

歷經多次泡沫化與市值起伏
其實有警訊可以讓投資人免於受災

曾霸占社群媒體、紅極一時的 NFT
在泡沫化後還有其他應用

產業的高低起伏導致價格劇烈波動
但聰明投資人看的從來不只是市值

泡沫會消失，技術不會

　　泡沫總是經常且重複發生，最後會留下來的是技術進步，而不是「幣」。在對一個新技術期待最高的時刻，人們往往誤以為，新技術可以取代原來的一切，它將帶來一場顛覆一切的技術革命。但其實，任何實際應用的系統都是由眾多技術，包含科技的、商業的、社會的共同組成。新技術滲透的方式往往不是革命性的，而是漸進的，它通常先用來取代一部分老技術，讓系統變得簡單。舉例來說：在第二次工業革命初期，發電機最先被應用到工廠裡，它取代了地下室龐大的蒸汽機，電力成為工廠新的動力源。同樣的，未來區塊鏈終將融入我們的生活，你以後根本不會感受到你所使用的技術是區塊鏈，而且業者也不需要標榜，就好像現在的電商，賣貨的同時不需要跟你介紹使用的是 HTTPS 安全技術一樣。

▶ 顛覆市場格局的創新

多年前，哈佛商學院教授克萊頓・克里斯坦森（Clayton Christensen）提出了「破壞性創新」理論。破壞性創新理論認為，如果一項技術是對現有技術的改進，那麼現在市場中已有的主要玩家其實具有更大的優勢。但如果**一項技術看起來性能更低，卻滿足了更大用戶群的需求**，它可能會在市場中推動新玩家的誕生，這項新技術和新玩家將會顛覆市場格局。

克里斯坦森認為，破壞性創新技術有兩種進入市場的方式：低端市場的破壞性創新與新市場破壞性創新。低端市場破壞性創新指的是，當下的主流商品總體性能太高（相應的價格也更高），而低端用戶只想要某單一性能更好、相應價格也較低的產品。新市場破壞性創新指的是，新技術滿足的是「非顧客」，也就是被當下產業中的主流公司主動忽略的客戶群，這些公司認為向這群客戶提供產品也無利可圖。以 2000 年的情境來說，線上購物就是低端市場破壞性創新和新市場破壞性創新混合形成的結果。然

而，儘管總體性能可能不佳、體驗也不好，但破壞性技術一面在某些性能上快速地改進，一方面從不那麼重要的市場（低端市場／新市場）開始向上進攻。因此，利用破壞性技術的新玩家最初常被忽視，最終卻有很大的機會顛覆市場中主要玩家的地位。

▶ 區塊鏈也是破壞式創新？

現在看起來，作為結算平台的區塊鏈正是這樣的破壞性創新技術。它在整體性能上不如現在銀行等金融機構使用的系統，但在某幾個面向又遠遠超越。最值得關注的是，它有著破壞性創新技術典型的技術優化曲線。而且它的技術優化曲線非常陡峭。作為一個價值流動的新通路，區塊鏈極大地降低了人與人之間進行價值轉移的難度。你要轉錢，銀行、街口都可以幫助你，但你要轉移其他一些有價值的事物它們就沒轍了。區塊鏈能移動的價值的範圍遠遠超出了金錢，它甚至可以擴展到藝術品、徵信數據、病歷、證書、房地產等各種有價值的事物。在區塊鏈上進

行結算的不一定是「錢」，它可以是任何有價值的事物，不管價值很小還是很大。現階段，當我們要轉移現金、股票等金融資產時，現在的金融機構處理得很好，其實看不出區塊鏈有什麼優勢，但還是有金融機構主動接納區塊鏈或加密技術，因為你不會知道在你持續忽視的市場上，區塊鏈技術會不會有一天反咬你一口。

　　總結來看，歷史上所有新技術都會經歷漫長的發展過程，小範圍試點然後再被廣泛地運用。歷次工業革命，包含像蒸汽機、電力、電腦是這樣，資訊科技浪潮中的大數據、雲端運算、人工智能也是如此。過去，那些和產業結合緊密的技術，或是像網際網路這類與資本聯繫更緊密的技術，也都曾經歷早期的美好想像、中期的低落、重新上升的過程。而區塊鏈中的比特幣在很早期就有了價格，尤其名字中的「幣」，就讓大家直接聯想到錢。技術與產業的起伏又疊加了金融與資本，從而讓波動變得更為劇烈，也讓一般大眾更加霧裡看花，但其實，我們只需要知道「泡沫會消失，技術不會」。

NFT 泡沫後留下什麼？

2007 年 5 月 1 日，數位藝術家邁克・溫克爾曼（Mike Winkelmann，又名 Beeple），開始在網路上發表新作，在之後的 13 年半裡，他每一天都創作及上傳一幅新的數位作品，並取名為《每一天》。2021 年，Beeple 將這批獨立作品組合成《每一天：前 5000 天》，形成一張巨幅數位拼貼，第一眼看上去密密麻麻，彷彿整張圖被打了馬賽克一樣。2021 年 3 月全球頂級拍賣公司佳士得在網上為這件作品舉辦了首次的數位藝術品拍賣，為什麼這次拍賣特別引人關注呢？

首先，Beeple 的《每一天：前 5000 天》是佳士得首次拍賣純數位藝術作品，同時這幅作品的成交價格，達到了驚人的 6928 萬美元，創下了數位藝術品交易的新紀錄。也讓 Beeple「躋身當代最有價值的前三大藝術家」。另外，本次的拍賣，首次利用能有效保證藝術品真偽的「非同質

化代幣」（NFT）形式推出，也是首次同時接受標準付款方式和加密貨幣（接受以太幣支付）的藝術品。

那麼，NFT 到底是什麼呢？它的全稱是 Non-Fungible Token，翻譯過來是「非同質化代幣」。NFT 包含了兩個部分，區塊鏈 Token 代幣和連結的內容。Token「代幣」這個概念講起來比較專業，**你可以把它簡單地理解成一種簽名或證書，只在區塊鏈系統中發行和使用，用來代表著你擁有的某一種資產或權益。**內容就是那張圖或是影片、音樂，兩者都是數位形式的。

NFT 特殊的地方在於，它是非同質化的，也就是說，每張「證書」都不一樣，不能分割也不能交換。舉例來說，這就像是明星的簽名，專輯上明星的簽名每張都不完全一樣，你也不能拿它直接交換。

▶ NFT 竄紅的途徑

《TIME》雜誌認為，NFT 的出現，正在撼動整個藝術品市場。有幾個主要原因：

1. NFT 創造了稀缺性：稀缺性帶來了收藏價值。一旦一件藝術品有了唯一的「原版」，人們就會對它產生擁有和收藏的慾望，而且這件事情還無法被偽造。就好比一張版畫，發行了 300 張，每一張都有藝術家的親筆簽名，同時有序號，那就一定會有人願意出高價去購買這些版畫。

2. 數位商品付費習慣已成熟：

舉例來說，如今遊戲裡有很多「課金」玩家，（也就是會花真金白銀購買虛擬裝備的人），數位世代已習慣虛擬資產，因此對於購買虛擬的數位藝術品，心理障礙也就更小。

當然，不可否認價格的暴漲，才是讓 NFT 爆紅的原因。不論是拍賣公司以及包含像 Nike、adidas 的入局，名人歌手的推動，都讓 NFT 一時間成為人人追捧的明星。然而，這樣的大起往往銜接著大落，最終走向泡沫化。

▶ NFT 鑄造平台誕生

如果製作 NFT 需要高深的智能合約開發技能，那麼 NFT 就難以走入大眾的生活。正因如此，NFT 鑄造平台的出現有著極大的意義，這使得即便是沒有開發技能的普通人也可以輕易「鑄造」自己的 NFT。像 Mintbase 和 Mintable 這樣的平台就為大家提供了方便的工具，讓大家可以無痛創建自己的 NFT。Kred 平台則為有影響力的人提供創建名片、收藏品和優惠券的便利。還有一個叫「Marble Cards」的項目，進一步讓 NFT 變得好玩，它讓用戶只要根據一個網址就能創建出自己獨一無二的數位卡片，這個網址的內容將自動轉化成卡片的特殊設計和圖像。利用 Marble Cards，人們可以將他們喜歡的內容轉化為卡片，吸引更多人對該網址內容的關注。

2022 年 OpenSea 推出開源的智慧合約「SeaDrop」，創作者可以透過這項功能直接在 OpenSea 上創建自己的 NFT 鑄造頁面和體驗，而不需要再自行創建自定義智慧合約。

所以如果你想問：「能不能自己發行 NFT？」

我會說非常容易，你可以在幾分鐘之內就發行完成一個 NFT 了！

▶ 買 NFT，買到什麼？

　　在過去，數位藝術的作品在網路上被大量複製和傳播，沒有唯一性，而變成 NFT 之後，作品就加入了藝術家的數位簽名，並利用區塊鏈技術防止了篡改和偽造，搖身一變成了獨一無二的「原版」。這樣一來，數位藝術品就有資格像傳統藝術品一樣，進入藝術的殿堂了。在過去的世界裡，創作者銷售作品，必須限制內容的使用權。而現在，創作者分享作品，是開放內容的使用權，而且是鼓勵大家持續分享。

　　然而，擁有 NFT 就是擁有藝術品的所有權嗎？《果殼》認為購買 NFT 所取得的權利「其實是數位資產的冠名權，你可以隨時對外界證明，這個 NFT 所表彰的數位資產，是由 NFT 擁有者來冠名，讓各界知道，在這個 NFT 藝術品旁邊，有 NFT 擁有者的名字。」同時，購買 NFT 並不會買

到任何著作財產權。著作權跟所有權不同，藝術家從作品完成那一瞬間就取得著作權，即使藝術家將所有權賣出，或者原作毀損了，也不影響藝術家對其作品著作權的享有。當然，就我自己參與藝術市場的經驗來看，藝術家為了維護自己的藝術生命與聲譽，都會愛惜羽毛，因此確實你可能不是買到「所有權」，但是你的「所有權紀錄」或是「冠名權」實務上會很接近「所有權」本身。

▶ NFT 的未來應用

然而，不可否認 2021 年 3 月開始的 NFT 熱潮，在 2022 年開始出現了泡沫化的現象，除了各種濫竽充數的作品充斥在交易平台上，交易量也開始出現劇烈的萎縮，從 2022 年 4 月底的單週成交量 13 億美元，到 2024 年的 3 月底單週僅剩 1.9 億美元衰退 85%。代表性 NFT 無聊猿（BAYC，Bored Ape Yacht Club）成交底價從 2022 年的高點 153.7 以太幣（約 31 萬美元），2024 年 4 月底僅剩 13.2 以太幣（約 4.5 萬美元），NFT 幾乎已經可以確認泡沫化。

那麼，NFT 還能再起嗎？它將以什麼面貌重新出發？

1、社群治理的表徵

買 NFT 不就是為了要炒作嗎？有人會在意社群怎麼經營嗎？我曾經買過 HeadDAO 這個項目的 NFT，HeadDAO 當初的發想是集結大家購買 NFT 的資金，然後將資金轉投資最頂尖的藍籌NFT[25]。舉例來說：HeadDAO金庫總共收藏有五隻無聊猿（BAYC）一隻變異猴（MAYC）。2022 年 3 月 Yuga Lab（無聊猿的發行團隊）發幣 $APE 後將會展開空投，本次空投金庫將會進帳 52,000$APE（當時市價相當於 1,600 萬台幣）。

在得知金庫有 1,600 萬空投之後，部分會員發動了一個投票，要求這些 $APE 賣出之後的所得全部歸某部分特殊會員所有，而且投票以極小的幅度領先、勝出。這樣的

---

25 藍籌標的：借用股市藍籌股的概念，指的是擁有高品質穩定財報，且在所屬產業中具有深度護城河的知名公司股票，這類股票通常指數內市值較大，又稱為績優股、權值股等等。

結果顯然不符合社群的最大利益，因此，項目主要意見領袖又再次發動投票，推翻前次的決議，在 24 小時投票中，贊成推翻先前決議的票數一路落後，最終在台灣社群全力動員催票下，於投票結束前一刻翻轉戰局。遺憾的是，隨著 NFT 價格一路走跌，許多主力玩家已經無心戀棧，2023 年 11 月 25 日 HeadDAO 錢包的多簽者（錢包的動作必須同時有多人同意簽署才能生效），正式透過投票決議的方式，宣布清算 HeadDAO。跟眾多 NFT Rug Pulls[26]（抽地毯跑路）不同，由於 HeadDAO 當年的資金是以多簽的形式持有一籃子頂級藍籌 NFT，即便遭遇 NFT 大空頭，金庫依然有市值 500ETH，過程中有參與投票的 NFT 持有者，都能依據持有的頭像數量，等比例分配 ETH。最終每個 NFT 大概可以領回 0.2175ETH，結束了一段我在 NFT 的奇幻旅程。由此證實，NFT 作為社群治理的表徵，是可行的。

---

26 Rug Pulls：加密貨幣或 NFT 項目方吸引投資人的資金，結果卻突然關閉或消失，投資人的資產也隨之消失。這個名字來自成語「從某人身下拉地毯」（to pull the rug out），使受害者失去平衡並手忙腳亂。

2、彰顯身分的命名服務

去中心化域名服務類似於「.com」域名,但它是基於去中心化技術的。以太坊域名服務(Ethereum Name Service,ENS)於 2017 年 5 月推出,由以太坊基金會(Ethereum Fundation)資助。

錢包地址是一連串 16 個英文字母與數字,如果你希望能夠提供這個地址給別人,這一串字母顯然相當難被記錄,但 ENS 可以讓你綁定一個錢包地址,並用更簡短的文字呈現。舉例來說,billyang.eth 是一個我在 ENS 上面綁定的錢包地址,同時,這個錢包地址可以用來展示使用者的 NFT 收藏,展現其個人風格。或者你可以空投代幣或是 NFT 給我。ENS 在未來將非常可能擁有如同個人 ID 身分證號般的重要性,並成為 Web3 世界「去中心化身分(DID)」的關鍵組成部分。

3、元宇宙裡的價值體系

我們以遊戲來舉例,在遊戲中,你的角色也可能會獲得金幣和道具,這些金幣跟道具也是你的資產,但是這些

資產是「中心化」地被記錄在遊戲的主機，如果你想要買賣或是交易這些道具，你可能需要回到蝦皮或是拍賣網站來做這件事，過程中，也常有被詐騙的問題。而在元宇宙當中，是有一個機制可以讓你安全無虞地完成價值與資產的轉移。這個機制是什麼呢？讀到這裡，你應該已經猜到了，就是分布式帳簿，也就是比特幣的底層技術邏輯。簡單來說，未來在元宇宙或是遊戲中，你可以購買虛擬的土地或是道具，這些資產的權利都會以 NFT 的形式呈現。在元宇宙中不需要銀行，也能安全無虞地移轉資產。

　　總結來看，NFT 泡沫化之後，我們可以冷靜思考 NFT 的下一步，事實上，前文所提及的三個賽道，每一個背後都有 NFT 的影子。例如寶可夢卡牌的 RWA 其實就是一種 NFT，只是背後有實體卡牌的對應；在 DePIN 當中，也會運用 NFT 來彰顯你對共享資源的貢獻；而邊玩邊賺的遊戲道具，也是 NFT。像無聊猿之類的 PFP（profile picture，頭像類）NFT 或許即將淡出市場，但我相信 NFT 還是會持續存在。

如何判斷泡沫的訊號？

　　仔細想想，我似乎至少已經在幣圈經歷了三輪泡沫了，我竟然還能存活？2017年，比特幣第一次上萬元，我真的可以說是死得不明不白，總之就是追進去之後，3天就被套了25%；再等一下，一週又下跌了40%。當時連要把幣轉回台灣都有問題，索性就先擺著。但可以說，當時的ICO熱潮連我都有感受到，我也上很多網站去看人家的項目。事後回想，這根本就是一個泡沫化的訊號。

　　第二次就是在2021年，第三次則是2022的NFT泡沫，而NFT跟ICO都能算上現象級的泡沫，不會再重演了。但下次再遇到類似的，我一定能辨識得出來。同時，我希望大家也都不要當最後一隻白老鼠。一起來看看市場狂熱時，有哪些預警金絲雀？

▶ 金絲雀訊號①資金費率，情緒指標

　　德國股神安德烈・科斯托蘭尼（André Kostolany）曾經說，要判斷股市是不是過熱，就是要看看市場裡面「是股票多？還是笨蛋多？」意思也就是，假設市場裡人聲鼎沸，許多人瘋搶股票，那就是股市過熱的訊號。在加密貨幣市場有個詞是「Funding Rate」，也就是中文的「資金費率」，可能有些新手投資人沒聽過這個名詞，但其實它對加密貨幣投資的影響非常重大。

　　資金費率是加密貨幣領域的獨特創新，源於 Bitmax 在 2013 年所提出。當初，他們要解決一個問題：如何在這個總是 24 小時全年無休運作的加密貨幣世界中，有效使用衍生品？在傳統的金融市場，人們通常需要去處理現貨和各種期貨合約之間的價差，這在加密貨幣的世界裡會變得很麻煩。但是，當初期貨合約的誕生是為了協助種植農產品的農夫們更好地規避價格波動的風險，它的出發點，與當今加密貨幣期貨合約單純的投機交易有很大不同，當然也應該要有不同的設計方式。

為了解決這個問題，就出現了在未來某個時間點買賣，但沒有固定到期日的期貨合約，也就是「永續合約」，它讓交易可以一直進行。但期貨合約有一個特性，現貨和期貨之間經常存在價差問題，一般來說，期貨價格高於現貨價格，我們不妨這麼理解：假設你收穫了一萬英斗的小麥，這些小麥預計在一個月後交貨，在這一個月的過程當中你需要倉儲空間、你需要有安全警衛，這些都是成本，因此期貨的價格一般都高於現貨。為了解決這個期貨價差的問題他們引入了「資金費率」這個概念。

　　透過資金費率，讓市場自動拉近期貨與現貨的價差。實務上怎麼執行呢？舉例來說，當期貨比現貨貴的時候，資金費率就會上升，交易者去購買期貨的成本變得比較高，然後兩邊的價差就會縮小。如果大家都想買期貨，導致期貨價格很高的時候，調高資金費率可以讓做多的人付更高的成本，而做空的人則可以收到這筆資金費率。這就使得期貨價格趨近於現貨價格。相反地，如果大家太悲觀，一直做空，資金費率會是負的，做多的投資人可以收到這筆費率，以此鼓勵投資人買入期貨。

所以，觀察資金費率的變化，就可以反映出市場的情緒。舉例來說，在市場極度熱烈的時候，資金費率可能會飆高到年化超過 100%，這就顯示大家對市場偏樂觀。當你看到資金費率飆高時，假設你偏向短線操作，那可能就得謹慎一些，不要急於追高，理智分析，因為就現在這個價位，有不少人和你一樣都想跳進來搶占一杯羹。

　　因此，當你看到特別高或低的資金費率，或許就可以把握這個時機，進行短線操作，無論是把握停利時機或是增加部位，甚至進行短線做空賣出。儘管如此，資金費率高漲時是金絲雀的訊號，因為在多數的牛市中，大家都會樂觀進場，此時的資金費率可能會比較高，市場也較易出現大幅度波動。再者，強烈的上升後，常會接著絕對性的下跌，導致部分人被迫平倉清算，此時資金費率就有機會回歸正常。

　　所以，你要保持對資金費率的警覺。一旦資金費率升高，代表你的投資成本也會增加，若你還是繼續做多，該注意的是年化費用率可能會達到 100%，甚至超越 150%、200%。我們可以回想一下 2024 年 3 月 5 日～ 11 日的市場

情況，3 月上旬的資金費率其實是 2024 上半年之最。2 月之前可能只有 20% ～ 30%，或者更低。但到了 3 月，資金費率一度紅燈狂閃，跑到了 150% ～ 160%，因為當時已經很久沒有看到這麼高的資金費率了，所以必須特別注意之後的市場風險。

從另一個角度來看，使用加密貨幣期貨合約的交易前，你得想清楚你的交易對手是誰？這個對手就是交易所本身，你其實是跟交易所對賭。如果市場繼續看多，那麼你的最大的對手就是這些吸取高息的加密貨幣交易所了。它們控制風險的同時，也很清楚所有賭客籌碼的分布，因此可能惡意觸發大量平倉的現象，引發大幅度的市場震盪。

▶ 金絲雀訊號②未平倉量，牛熊對峙

期貨未平倉合約是指市場中未平倉的期貨或選擇權合約總量。它是衡量特定時間點上投資於衍生品的資金數量的一種指標。未平倉量可以幫助分析市場的交易活動、投機情況、流動性和價格走勢。

期貨和選擇權合約允許交易者在不持有實際現貨的情況下，對價格走勢進行投機。當交易者進入期貨或選擇權合約時，未平倉合約數量會增加。當合約被平倉或到期時，未平倉合約數量會減少。因此，未平倉合約可以被視為市場中未結算合約的數量。換句話說，未平倉就代表了資金還沒出場，留在了市場中，也就是持倉資金。行情的啟動往往需要有大資金推動，這時候未平倉量明顯增加或減少就顯得格外重要。

以比特幣為例：比特幣未平倉合約是一個重要的指標，它可以幫助分析市場參與者對加密貨幣的情緒。例如，未平倉合約的上升可能表明交易者的看漲情緒增強，而未平倉合約的下降可能表明看跌情緒增強。但這個說法並不完全。更高的未平倉合約通常表示更高的交易活動，並可能表明市場更加流動和活躍。這不能判斷多跟空，只能說牛熊對峙越劇烈，未平倉量越高。

這是因為未平倉量紀錄的是做多與做空者成交的一個紀錄，而每個買方都必須有一個賣方，反之亦然。

假設有三個交易者在一個市場中，且該市場的持倉量為 0，價格為 100 美元。交易者 A 認為這個市場將上漲，交易者 B 認為這個市場將下跌。交易者 A 以 100 美元的限價下單做多，交易者 B 決定跟他對賭並開倉做空。此時該市場的持倉量由於同時有一筆多單和一筆空單，因此未平倉量為 1。市場上漲到 150 美元，交易者 C 也決定做多。在 150 美元時，交易者 A 認為 50 美元的利潤已足夠，並下單賣出他原本手上的多單。交易者 C 成交後現在持有一份多單合約。未平倉量是否變化？沒有。我們有一份多單倉位退出了（請記住，你在賣出原本的多單時會變成做空），同時還有一份多單倉位進入了市場。

　　市場繼續上漲，在 200 美元時，交易者 B 決定停損離場。交易者 B 以 200 美元的限價多單回補空頭，交易者 C 決定接受該訂單以實現 50 美元的利潤。在這種情況下，交易者 B 和交易者 C 都退出了部位，因此未平倉量再次下降至 0。在這種情況下，你可以看到關於未平倉量有三種可能的結果。

1、若買方和賣方都增加，未平倉量將增加。

2、若買方和賣方都關閉其倉位，未平倉量將下降。

3、如果一方開新倉位而另一方正在關閉其倉位，則未平倉量保持不變。

雖然我們前面說，未平倉量大增，不能代表多空。但實務上，因為做多的人遠遠比做空的人多，一般人比較習慣做多，而不習慣做空（交易所通常扮演做空的對賭方）。因此比特幣未平倉量大增在過去都是歷史高點的位置。而比特幣也經常在之後出現崩跌，導致做多的人集體爆倉、做空方獲利了結，未平倉量下降。

2024 年 3 月 14 日，比特幣價格創下 73,132 新高，但未平倉量到 3 月 29 日才創新高，出現背離的訊號，同樣是一個警訊。

▶ 金絲雀訊號③迷因幣，群魔亂舞

迷因幣是一種特殊的加密貨幣，它的基礎是區塊鏈技術，而名稱則來自於網路上流傳的迷因。當你聽到迷因

幣，你可能首先會想到狗狗幣，因為它的標誌是一隻網路上熱門的柴犬迷因。

迷因幣的價格不僅取決於市場的供應和需求，還受社群活躍度及媒體報導的影響。因為它並未有實體資產或政府的保證作為背書，價格的起伏可能十分劇烈。由於這類交易無須通過中央機構，交易過程可以相對匿名且自由，但這個特性也使得它遊走在網路詐騙和非法交易的邊緣。

每次在加密貨幣市場的高點，都會伴隨著迷因狂歡。2024 年三月加密貨幣市場再次引人注目，引發的是一種新的「迷因幣」熱潮。這次的焦點在於 Solana，一個新興的區塊鏈平台，其上的迷因幣 Book of Meme（BOME）在所有迷因幣中，交易量居冠。

可是，迷因幣的流行與否並不取決於本身的價值，而是取決於人們的「搶購旋風」，或者說是「FOMO」──恐懼錯過的心理。**這也造成了「加密貨幣泡沫」的出現。**

根據鏈上偵探 Zach 的調查，迷因幣的籌款量驚人，而這些籌款多數來自於迷因幣的「預售」。舉例來說，BOME 的創作者就透過推特募集了多達 10,132 個 SOL（約 200 萬

美元）。

　　BOME 只是冰山一角，其他如 dogwifhat（WIF）、
BONK、SLERF 等迷因幣投入資金也常常以數百萬計算。
再快速提一下，台灣饒舌歌手「麻吉大哥」黃立成發行的
Solana 迷因幣「BOBAOPPA」更是募集了價值約 3,889 萬
美元的 SOL。BOBAOPPA 開盤後一度暴漲 2,699%，市值
也一舉突破 1.71 億，但隨即「倒 V」往下。

　　這種狂熱的現象讓人不禁懷疑，我們是否正在目睹
「加密貨幣的泡沫」的發生？這是加密貨幣泡沫的第三隻金
絲雀，2024 年 4 月開始迷因幣的成交量開始銳減，許多迷
因幣開始走低，連帶比特幣價格也回落。比特幣的第四次
減半，可能在減半前就見到高點。減半後的短時間內，恐
怕陷入盤整。

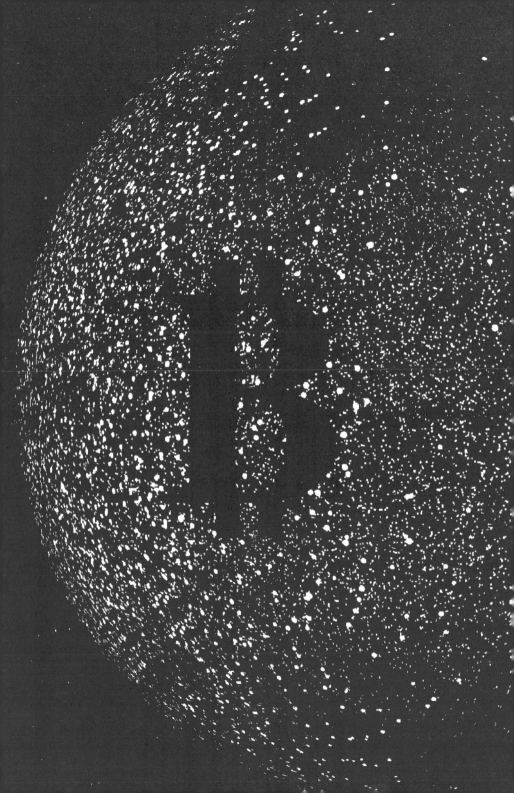

5

自保・
設下防騙結界

不要以為自己不會被騙
你只是還沒遇到專為你設計的騙局

搶先設下防騙結界，了解市面流行的騙局
讓你成為詐騙集團不想下手的對象

話術？技術？傻傻分不清

　　加密貨幣這個領域既有程式代碼的「技術語言」，又包含了理財投資的「金融專業」，一般人要搞懂一個就很難，更何況是兩個放在一起混搭、變形，各種名詞聽來都很玄，到底哪些是真？哪些是假？各自又有哪些極限？現在就帶你一次搞清楚。

▶ 加密貨幣 = 去中心化？

　　去中心化是區塊鏈技術的核心敘事之一。以比特幣為例，「比特幣是去中心化的」和「比特幣是一種去中心化的加密貨幣」，這些可能是高度一致的共識。

　　從比特幣的網路結構來看，比特幣的節點多而分散，工作量證明的「挖礦」機制導致攻擊比特幣需要有超過全網 50% 的算力，少數節點被攻擊、崩潰，或被關閉都不會

影響整個比特幣網路的安全和正常運作——這說明比特幣網路是去中心化的。

　　去中心化應用（DApp）這個名詞，是在 App 前面加上了 D 代表去中心化的意思。簡單來說就是一個「號稱」去中心的應用程式。例如熱錢包可能是個 DApp、區塊鏈遊戲也可能是 DApp。但事實上絕大多數的 DApp 一點也不去中心化。這些 App 大部分由特定團隊或公司掌管，而且開發者通常在專案早期掌握主導權。即使到了專案後期上線了治理代幣，開發者還是可以透過投票，進而影響決策。

　　例如 Compound，這個被譽為第二大的 DeFi 借貸協議，推出了代幣 COMP 以實現去中心化治理，卻公告這將是一個漸進的過程。許多區塊鏈遊戲也是利用智能合約讓用戶誤以為遊戲「公開透明，無人能幕後操縱」而參與其中，殊不知相當多這類的遊戲，其實只有在代幣於其中交換的時候使用了一點點智能合約，譬如你在遊戲中購買了一個 NFT，這是與去中心有關的，但其餘遊戲介面或是寶物掉落的機制，全部都是中心化的。

到目前為止，真正的去中心化在許多應用中仍未實現。大多數應用的開發者甚至握有萬能鑰匙，他們既可以關閉甚至禁用去中心化應用程式，也可以進行升級，或者在出現技術問題時，提供緊急關閉服務。因此，我們在幣圈常聽說「某某項目 Rug Pulls 了」這些開發者事先在智能合約中布置了「後門」，並且在去中心化交易所創建流動資金池，在 X（推特）或是 Discord 上建立行銷管道，搭配 KOL 吹捧專案，再配合造市商哄抬幣價，吸引散戶投資人投資，接著便迅速拋售代幣，同時關閉應用程式，讓代幣價格在短時間內歸零。

　　如同美國證監會主席詹斯勒（Gary Gensler）所說：「加密貨幣領域給市場上的投資者帶來了各種風險。加密借貸平台和所謂的去中心化金融（DeFi）平台給投資者和試圖保護他們的 SEC 工作人員帶來了一些挑戰。」

　　目前數千種加密貨幣中，大部分是作為證券方式運作，而涉及其中的違法行為不勝枚舉，傳統的證券交易詐欺有證交所可以把關，但在加密貨幣的領域卻非如此，目

前僅有 75 件違法行為能依法處理，其他根本無法可管。詹斯勒認為，這種「時而商品，時而證券」定義模糊的加密貨幣，必須設立明確法規，才能保障投資人。

▶ 具匿名性，無法被追查？

我們先來回憶一下加密貨幣的交易過程。首先使用金鑰產生器產生一對公鑰和私鑰，私鑰由資產控制者自己秘密保存，公鑰產生錢包地址，並由私鑰掌握者對外公佈出去，提供給他人驗證自己對交易的數位簽名。你可以根據自己的需求，創建多個公鑰，例如多個錢包地址，也就是多個任意身分，就像一個人換不同的面具一樣。

加密貨幣系統中，交易是將指定金額的代幣從一個代幣地址轉移到另一個代幣地址中，而交易的數位簽名由私鑰完成，交易的驗證由對應的公鑰完成，所有這些都不需要提供真實的姓名，也不需要身份證字號、手機號等真實的身分資訊，所以單一交易本身並不與真實身份關聯。從這個角度來看，加密貨幣是具有匿名性的。

但從嚴謹的科學角度來說，**真正的匿名性不僅是不署真名，還必須具備一個重要的特質：無關聯性**。使用者與系統互動多次後，不同的互動之間無法關聯在一起，同時，也需要真實世界與虛擬世界無法關聯，這樣才能保證絕對的隱私。電影《一級玩家》裡有一個關鍵情節，因為男主角在遊戲中洩露了自己的真實姓名，導致他在現實世界被追殺，遊戲世界就與現實世界聯繫起來了。

在加密貨幣系統中，用錢包地址來實現匿名，其實是很脆弱的。真正的匿名性是用戶每一次的交易都沒有任何關聯，這種無關聯性很難做到，透過重複使用錢包地址，也很容易洩露隱私。例如某個週末的上午，你在星巴克買了一杯咖啡，透過加密貨幣錢包進行支付，星巴克的店員收錢時知道了你支付的錢包地址，因為是面對面收款，只要看得到你的長相，星巴克店員就能把這串錢包地址與你聯繫在一起。下午你又和朋友去電影院看電影，並用錢包支付電影票，或是爆米花。在這一天中，所有的交易都是在錢包地址上發生的，並且被記錄在區塊鏈上。區塊鏈就

是一個公開的帳本，它允許任何人隨時隨地檢查和分析帳本數據，這樣任何人都可以查到每個錢包地址往來交易的詳細帳單，很容易將同一個地址下的所有交易進行關聯。

　　一旦其中一筆交易與現實身分聯繫在一起，例如在星巴克買咖啡面對面付款就暴露了自己的支付地址，你的所有交易記錄都將會被大眾得知。舉例來說，台灣幣圈大佬，也就是前發片歌手的麻吉大哥，他的錢包就是許多分析鏈上數據工程師追蹤的對象，各種他曾經操作的黑歷史都被挖出來，引發軒然大波。

　　我想大多數人，都不希望讓別人知道自己錢包裡有多少錢、買過什麼幣，這也可能會導致用戶最終轉向能夠隱藏數據的中心化交易所或機構。此外，隱身地址（Stealth address）可能是其中一個解決方法。隱身地址在交易時，會為雙方產生密鑰以建立一組額外的地址，並透過這個臨時地址來接收資金，這樣交易雙方的真實帳戶地址就可以獲得匿名保護。當然，這個技術仍然處在開發的階段，我們可以關注它的發展。

▶ 代碼即法律？

隨著加密貨幣生態的發展，許多交易都正逐漸被移轉到區塊鏈上，而監管壓力的如影隨形，也讓加密貨幣產業流行過一句口號──「代碼即法律」，意思是，程式代碼可以取代法律的角色。簡單來說，也就是「程式碼都寫在這，我只是照程式碼操作，所以你不能懲罰我」。

勞倫斯・萊西格（Lawrence Lessig）在他 1999 年的著作《網路空間守則和其他法律》中首度提出了這個觀點。萊西格探討了當時新興的網路科技公司，認為缺乏政府監管並不意味著應該沒有任何監管。萊西格的觀點是，我們應該去理解程式碼如何影響網際網路產業，因為程式碼是我們與數位世界互動的基礎，並且比人類更加嚴謹黑白分明。他認為，程式碼和我們的價值觀可以相互契合，成為網際網路世界的監管者，不讓價值觀被遺棄與取代。

有些網路駭客甚至認為，只要代碼允許，就能進行各種行為，即使他們的行為有違常理。他們用程式碼來為自己的行為辯護，並宣稱只是利用複雜的規則在網路平台上

打敗其他人，達到其他人認為不可能達成的目標。然而，由於法律規則是概念性的，而不是有形的，正因它們無法自動執行，所以我們才有執法機構、包含警察或是法院，用來執行約束我們的法律規則。

美國的 CFTC（商品期貨交易委員會）專員也說過，他們不認同這種意識形態，他們認為法案、法規還有其他規範才是真正的法律，應該應用在每個活動、協議或合約上，包括程式代碼。「軟體程式碼可能不代表參與者協議的全部內容，國法和常規法應該在此之上，並根據誠信和公平進行詮釋。」我想他所表達的就是，法律是高於程式代碼的。

▶ 無常損失？

在了解無常損失之前，可能要先理解「流動性挖礦」，我覺得透過「無常損失」這個詞，讓大家在搞不太清楚的情況下就去參與「流動性挖礦」是一個不完全正確的行銷話術。

去中心化交易所的獨創之處，在於不需要有中心化的造市商，只要有用戶願意放兩種不同資產進來，就能夠讓其他交易者開始交易。舉例來說：Uniswap 在啟動的時候需要創建一個流動性池，這個流動性池相當於一個準備金池。假設小明往這個池子裡面放了 10 個以太幣和 3,000 個 DAI 穩定幣，那麼此時以太幣和 DAI 穩定幣的兌換比例就是 1：300。如果這時小紅想要購買 5 個以太幣，在不考慮手續費的情況下，需要支付 1,500 個 DAI 穩定幣來完成購買。當購買結束後，流動性池中的貨幣比例會發生變化，此時還有 5 個以太幣和 4,500 個 DAI 穩定幣。因為池子的加密貨幣數量不斷變化，所以需要有人持續地為池子注入流動性，也就是可以兌換的成對加密貨幣。為了讓池子中的資金源源不絕，Uniswap 推出「高利率」來吸引投資人將兩種代幣放進流動池中。

　　具體獎勵的做法是，首先要確認，誰擁有被獎勵的資格，假設小明提供流動性（Add liquidity），那麼小明就是「流動性提供者」（Liquidity Provider，簡稱 LP），Uniswap

會向小明分發 LP 代幣作為一個憑證，代幣代表了提供流動性的比例。小明可以憑他持有 LP 代幣而獲取交易手續費的分成；同一時間，Uniswap 會根據這個比例向小明分配 UNI 代幣，而 UNI 代幣可以被拿到交易所賣掉，也算是另外一種利息的補貼，所謂的「高利率」絕大多數來自平台發放的平台幣（例如：UNI）。用戶也可以將 UNI 代幣當作整個生態的治理代幣，取得投票權、表決權等。像小明這樣想要添加流動池的人，先放入對應的兩種代幣，最後就可以取得 UNI 的代幣，好像在挖礦一樣，這種提供流動性來換取收益的方式又叫作「流動性挖礦」。

在流動性挖礦的過程中，兩種代幣的價格無可避免地會波動，這個波動也就產生了損失的可能性，例如原本以太幣和 DAI 穩定幣的兌換比例就是 1：300，但後來只剩下 1：250。如果小明這時候退出流動性（Withdraw liquidity），也就是把所有幣賣掉，就會產生損失。若小明還沒有退出，而且幣價波動時，就稱之為「無常損失」。只有當你從流動池中提取代幣後，損失才會變為現實，並成為永久

的損失。而且小明必須將兩種代幣全部換成單一代幣重新計算，才會發現虧損或是獲利有多少。

　　簡單來說，如果你看好以太幣，而以太幣確實也大漲，你抱著以太幣的績效一定會比你放進流動池好。萬一以太幣是下跌的，如果你參與流動性挖礦，你有些高利率的補貼，但該賠錢還是會賠錢，你所賺取的「高利率」未必能抵銷這些損失，因為平台幣並不穩定，它可能跌更多，甚至流動池可能被關閉，你實際的「高利率」並不存在。因此基本上它是一個帶有誤導性的銷售術語，讓使用者感覺不一定會發生，且交易所只會突顯超高的年化報酬率，對損失的可能避而不談。

▶ ICO 去中介化籌資？

　　ICO 較為準確的名稱是（Initial Coin Offering），也就是加密貨幣首次公開發行。這個名稱是借鑒了股票證券市場的 IPO（Initial Public Offering，首次公開募股），之所以

在名稱上有所借鑒，是因為人們普遍認為 ICO 與 IPO 二者之間，在融資流程與大多數的操作上是幾乎一樣的融資模式，只是發行的標的物有所不同——IPO 發行的是證券，而 ICO 發行的是數位加密貨幣。

而 ICO 與 IPO 最大的差異就是沒有「中介機構」，例如沒有輔導券商，沒有證券交易所掛牌買賣，一切都可以利用智能合約來完成。另一個差異是，IPO 是企業發展到一定程度，透過證券交易所向公眾釋放股權來籌集未來持續壯大的資金，而 ICO 的核心其實就是 ICO 項目方發行代幣，出售給投資人或參與者而獲得融資的過程。目標是利用所得融資進行專案的開發，最終能推動專案完成上線。最後，IPO 發行的標的是證券，取得法幣資金。而 ICO 通常募集比特幣、以太幣這些在加密貨幣社群中普遍認可的價值資產，而發放的代幣也不能與法幣直接兌換。

ICO 的過程一般都是以項目白皮書的發表作為開端。因此也被包裝為「去中介化籌資」。通常是某個組織或一群「看起來」厲害的人，決定開發某個項目或「軟體」，為了獲得充足的資金來支持研發與完善，便透過發布白皮

書向一般人募資。白皮書當中會對項目的目標、採用的技術、商業模式，以及運作的模式和流程來進行說明。另外一個重要部分是解釋 ICO 項目內代幣，例如對代幣的功能，以及 ICO 項目運行後，代幣的使用方法、發行方式和獲得資金後的使用方向等等。也就是說，相較於 IPO 或私募投資過程中對公司所有權的購入，ICO 的過程是「預售」代幣未來上漲的機會。

　　儘管從概念來看，ICO 項目白皮書的作用，主要是為投資人解釋項目的技術可行性以及發展前景，進而加強投資人的信心，並確保項目能夠得到資金支持，但從實務操作來看，大量的 ICO 專案無法被驗證具有可行性，ICO 發行方的融資行為實質上成了一種非法集資的犯罪活動。

防詐騙的基本姿態

由於加密貨幣的熱度高，利用加密貨幣進行詐騙的案件也層出不窮，以前詐騙集團常用的手法，現在被拿來幣圈再玩一次。例如過去詐騙集團愛用的「遊戲點數」，現在變成了「加密貨幣」；過去的資金盤叫你匯現金，現在則叫你匯比特幣。不要因為多了一些聽不懂的術語（例如區塊鏈、去中心化）就被迷惑了。

▶ 常見的 6 種騙局

在加密貨幣投資的環境，常聽說有人用三個月賺進一桶金，然後在三天賠掉的故事。如果是自己槓桿開太大爆倉也就算了，但更多的是遭遇詐騙。典型的詐騙形式包括：網路釣魚、投資詐騙、虛假網站、社交工程詐騙、贈送（空投）詐騙以及交易平台詐騙等手法。

1、網路釣魚：

釣魚網站或釣魚郵件是駭客的愛用手法。需謹慎查看電子郵件發件人的地址，避免點擊來自不明身分的郵件連結，他可能會說你的交易帳戶有問題，需要點擊連結來解決，而連結會導到一個做得很像的假網站，一旦你登入，駭客就可以竊取你的登入資訊。最簡單的防守就是一定要檢查網址，他們往往故意把網址取得很像，一定要仔細看，多一個字、少一個字都不行！

幣圈釣魚網站都非常能夠掌握市場的熱點，他們會偽裝自己成為熱門項目空投的網站，或是可以免費領取 NFT 的網站，網頁維妙維肖，目的只有一個，就是讓你連結錢包。多數人不了解錢包的操作，大多就是按「下一步」，但僅僅這個動作，你的錢包內的錢可能就被提領一空了。

2、投資詐騙：

在投資之前，應該進行充分的研究，確保投資機會是合法的，並謹慎處理來自未知投資機會的壓力式推銷。在幣圈，最常見的就是以加密貨幣社群交友的方式，引誘投

資，並且以假網站誤導投資人以為是獲利的狀態。

　　舉例來說，網路上素不相識的人跟你說，可以你介紹一個最新的投資策略，只要加入老師的 Line 群，一天能賺千分之六，半年後就回本，然後再要你找朋友一起進來，這其實就只是老套的騙局，只是加上加密貨幣的名號捲土重來。如果有小哥哥或小姊姊在網路或社群軟體上跟你聊天，招攬你跟著他交易比特幣，十分之十，不是十之八九，都是詐騙。先讓你好像賺到錢，之後再以國稅局查稅為由，要你匯入稅款後才能出金。

3、虛假網站：

　　為了避免將錢包連結到假網站，需確認瀏覽器中查看網站的 URL，並確保它是正確的。Google 搜尋網站相當方便，但是假網站也隨處可見，並且經常以廣告的方式放在最顯眼的位置。這些網站跟正版的網站長得非常相似，沒有仔細比對根本看不出差異。如果你比對不出來，不要使用 Google 給你的網址，先到 CoinMarketCap 找到項目之後，再從這連過去。

最近，我發現除了假網站，也出現了假的臉書粉絲專頁或是 X（推特），完美複製正版粉絲專頁的頁面，甚至有專業的客服小編，唯一差別是假粉絲專頁會釋放「利多」提供優惠，不明就裡的網友很可能就誤信而刷卡或是連結錢包，導致金錢損失。

4、社交工程詐騙：

詐騙者可能假冒成信任的人或實體，如銀行員、政府官員、家人、朋友，以欺騙受害者提供個人資訊或金錢。詐騙者可能聲稱自己是某個機構的代表，並宣稱受害者必須立即採取行動，例如匯款或提供敏感資訊，否則將面臨法律問題或其他嚴重後果，在這過程中，他們經常使用心理技巧來操縱受害者，引起情感壓力，使其採取不明智的行動。

你可能會遇到自稱是交易所的工作人員通知你，說你的帳號因為各種原因涉嫌違規（或者懷疑你的帳號不是本人操作等理由），為了證明你是本人，要你在期限內把指定金額的幣發到某某地址，他們收到幣之後就會幫你審

核，這就跟早年有自稱是銀行的電話，說你帳戶涉及洗錢，已經被鎖定，是完全一樣的詐騙手法，只是現在進化到手機上。他們會註冊一個跟官方帳號很像的名字，用Line或臉書跟你聊天。但你要切記：

真正的交易所員工不會要求你發幣到任何地址！

不會跟你要密碼！

不會跟你要簡訊驗證碼！

5、贈送（空投）詐騙：

詐騙者通常透過電子郵件、簡訊、社交媒體或電話通知受害者已贏得大獎或獎金，需要採取特定步驟才能兌現。過程中會不斷施加壓力，要求受害者立即行動，不給受害者足夠的時間思考或驗證資訊的真實性。

幣圈的手法就是以限時、限量的方式，透過X或是Discord私訊你獲得熱門項目的空投機會，或能以優惠價格購買NFT。想在幣圈生存，務必關閉私訊功能，不去點擊任何私訊的連結。

6、交易平台詐騙：

假交易平台：詐騙集團設立一個假的交易平台，吸引投資者下載 APP 或登入網站，並要求投資者匯款到指定帳戶，然後利用假的看盤系統、行情圖，製造虛假的交易紀錄、價格波動，誘導投資者繼續增加投資金額或支付各種費用，最後關閉平台或失聯，讓投資者血本無歸。

假虛擬貨幣：詐騙集團利用一些未上市或不存在的虛擬貨幣，打著高獲利或超越比特幣的名號，進行募資、招攬，要求投資者購買這些虛擬貨幣，並承諾未來會有升值空間或分紅回饋，但實際上這些虛擬貨幣根本沒有任何價值或流通性。

老鼠會：詐騙集團利用一些已上市的虛擬貨幣，以高額回報或保證本金的方式，吸引投資者加入其所謂的「投資計畫」或「理財方案」，並要求投資者將虛擬貨幣轉入指定的錢包地址，然後利用後續加入的投資金來支付前期加入者的利息或本金，形成一個龐氏騙局。

　　除了網路詐騙，另外需要留意的風險還有交易安全。網路社群上很多有心人恐嚇投資人，交易所內買賣比特幣未來會被國稅局查稅（這當然是有可能），因此鼓吹透過場外交易，也就是類似「面交」的概念購買比特幣。這其實風險非常高，甚至可能涉及《洗錢防制法》。過去還曾經發生過網友面交加密貨幣，對方直接掏槍搶劫。因此不論買幣或是賣幣，都還是找有信譽的交易所比較安全。

▶ 如何保護自己？

為了保護自己，避免成為詐騙受害者，可以採取以下措施：

1、不要輕信陌生人或不明來源的訊息、電話、郵件等，不要隨意點擊可疑的連結或附件，不要提供或轉發個人資料或驗證碼。尤其不要輕易連結錢包。

2、不要在網路上透露過多個人的隱私或情感，不要任意加入群組或信任素未謀面的網路陌生人，不要因為對方的甜言蜜語或感同身受而放鬆警覺。

3、不要聽從來電指示操作 ATM（自動提款機）或匯款轉帳，不要使用公用電腦或公共無線網路進行金融交易。

4、定期檢查錢包授權過加密貨幣項目，並移除不再使的用授權。如果是使用中心化交易所，需定期更換密碼並開啟雙重驗證。

5、使用可靠的防毒軟體和防火牆，並定期更新系統和程式，以防止惡意程式入侵。

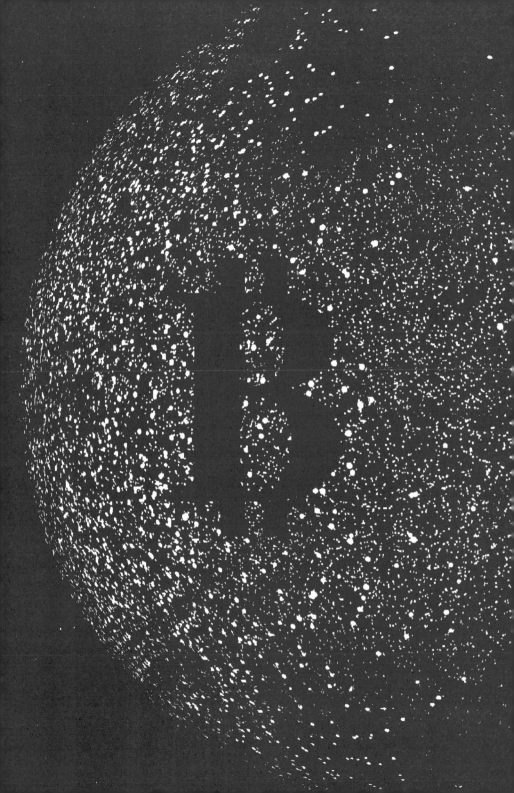

6

心態・
如何成為頂級玩家

了解加密貨幣的由來
學會數位交易所的操作
接下來該關注心態

心態是致勝王道，若把投資變成賭博
十賭九輸，在哪一個領域都適用

希望在未來新世界超車
得先想通，自己為什麼要投資

從傳統金融來的那個男人

　　我其實不是一個冒險犯難型的投資人，我永遠只拿輸得起的錢來投資，在過去 20 年的金融教練生涯中，我的工作就是要多方理解各類金融商品，除了股票型基金、債券型基金之外，還有結構型商品、雙元貨幣、海外債、投資型保單等等，這麼多商品，怎麼了解最快、最深入？當然就是拿錢下去買最快。

　　很多人會問我，為什麼要投資加密貨幣？投資的獲利當然是箇中關鍵，但更重要的是我對加密貨幣的好奇，並且相信區塊鏈技術將會改變未來 10 年、20 年的生活樣貌。這個現在很多人當作「投機」的技術，將會讓我們習以為常的一切，轉換為一個嶄新的底層操作系統。

　　但當時，我也沒想到這段投資加密貨幣的過程，竟然重塑我整個投資觀念。幣圈內有一句話「幣圈一天，人間一年」，加密貨幣的波動激烈，所有投資時會遇到的坑，

在這裡不需要花上 10 年、20 年，幾個月之內都會經歷一次。也因此，我過去的三觀不斷被它打破，快速鍛鍊、打造出全新的投資體質。

▶ 投資加密貨幣的成功與失敗

我並非一開始就以技術演進的角度來看待加密貨幣，和大家一樣，也是以投機的角度進場。2017 年比特幣有一波狂飆，但一枚比特幣就要 1 萬美金實在太貴了，於是選擇以太幣。

當時要交易加密貨幣並不容易，我註冊了 MaiCoin，在網路下單後，需要在指定時間內去便利商店繳款，以太幣才會匯到帳戶裡。雖然有一些可以接受信用卡扣款的交易所，但服務並不穩定，有時候會原因不明地扣款失敗。更好笑的是，我可以透過信用卡購買加密貨幣，但將加密貨幣賣掉之後的錢卻回不來，只能用信用卡刷退，或轉到自己的數位錢包，也因此，能操作的部位並不大，只能算是實驗性投資。

當時看著比特幣、以太幣狂飆的漲幅，自以為跟過去炒股一樣，只要看線圖就好了。很快地，當報酬超過50%，我心想：「只打算短炒，現在漲太多了，先出場吧！」由於後續看到以太幣出現了明顯的回落，我便自以為掌握到了一些「技巧」。但開心沒幾天，以太幣又開始飆漲，不論如何畫線做分析都無法解釋怎麼會漲這麼多？2018年1月，以太幣突破了1,000美金，我又追了進去，一下子以太幣達到了歷史高點1,400美金。此時，我覺得不能只賺40%了，說不定會漲到2,000美金。

但加密貨幣真的不會照劇本演出，3天之內，最低點就只剩700多美金，然後再反彈到1,200美金。我不想被洗掉，因此還是沒有離場。僅僅一個禮拜之後，只剩下600美金了。這時我心想，既然輸了40%，那就擺著吧！那時是2月吧！但一路走到2018年底，以太幣只剩下81美金，我輸掉了90%。

然而，這還不是輸最多的一次。2017 年加密貨幣市場 ICO（Initial Coin Offering）風潮席捲，概念上類似 IPO（Initial Public Offering）首次公開募股，只是 ICO 發行的是加密貨幣，IPO 發行的是股票。當時有很多新團隊希望籌集資金來創建一個新的加密貨幣，開放給有興趣的投資人買進。每一個項目都寫了洋洋灑灑的白皮書，每一個團隊看起來都將風生水起，其實我也搞不清楚內容，總之故事看起來很棒，便投了一個叫 IOTA 的項目，這是一個訴求跟傳統區塊鏈不同，更加進化的系統，希望成為物聯網的支付體系，但這個項目，我輸掉了 97%。

　　以太幣我不算真的輸掉了，因為我始終沒賣；但是 IOTA 我真心認賠，只剩幾百塊美金回來，後來通通換成以太幣。從此，**我深刻理解到在傳統金融市場所學到的一切，在幣圈能派得上用處的很少，只有一些少數真理不會改變，比如說定期定額。**

2019 年台灣 MAX 交易所成立，終於可以簡單安全地將新台幣兌換成加密資產，定期定額投資加密貨幣，變得很容易。面對波動不可測的市場，其實答案一直擺在那裡，只是看不上眼而已。

選擇定期定額以外，投資 IOTA 的慘敗也讓我知道，別妄想自己是股神，能夠神準投中一支狂飆幣。降低不確定最好的方式，就是效法 ETF，投資一籃子的加密貨幣。2019 年，我開始選擇市值前 8 大的加密貨幣做定期定額投資，同時採用市值加權，也就是計算前 8 大幣種的市值，然後按照市值的比率來安排投資金額。舉例來說：比特幣當時市值在這 8 支幣當中占 65%，以太幣占 15%，其餘的占 20%，就以這個概略的比率分散去投資。同時如果有些幣的市值跌出榜外，就賣掉跌出去的，相同的資金買回新進榜的。仿製 ETF 的操作效果很好，過程中，我陸續丟掉了 EOS、ETC、BCH，這些是當年的前幾大市值，但後來被 ADA、DOT、BNB 給取代了。我不再賭哪一支加密貨幣有希望，反正有市場認同的幣，自然會在市值上升的過程中，進到我的視線。

「長期投資」這個概念大家都耳熟能詳，我們在金融機構裡面，也把這句話當作金科玉律。然而，掛在嘴邊跟實際體會長期投資是兩碼子事。我常開玩笑說，很多人是「套牢之後，才開始決定長期投資」。在幣圈，「短炒操作」跟「長期投資」更加涇渭分明，為什麼呢？因為加密貨幣的波動極大，多空轉換的時候，短炒需要無情地變臉，如果心理素質不夠，稍一遲疑，便會產生巨大虧損。另外一個虧損主因，則是短炒玩家大多是加了十倍以上的槓桿。

　　但幣圈最後會留下來的人，只有短炒跟長期投資兩端，沒有中間值。在傳統金融操作上，有所謂的區間操作、波段操作，或是投顧老師說的「高出低進」。然而，在加密貨幣操作上，套用這個思維是很危險的。

　　為什麼呢？首先是加密貨幣的波動性遠高於傳統金融商品。其次是，過去股票的高出低進通常有一個基本面可以研判，股票已經存在了近百年，知道公司某些基本資訊將反映在未來股價的表現；然而，儘管加密貨幣同樣都有基本分析，但卻沒有足夠的歷史資料可以證明這樣的分析是否有效。

那麼技術分析呢？你不妨留意在 YouTube 或是部落格撰寫加密貨幣技術分析的交易者，很難有人能長期經營下去。為什麼呢？因為實在太不準了，連猜個正確的大方向都非常困難。這絕不是因為進行加密貨幣分析的交易者比較笨，或是預測傳統股票股價的交易者比較聰明，單純是加密貨幣打臉的速度太快而已。我曾經在歷史高點賣掉一半的狗狗幣，獲利高達 100 倍，但我心中明白只是運氣好，並不是做了什麼厲害的預測分析。

　　因此，我被訓練成了真正的 HODLer（長期持有者），不再被短期的波動影響，當手上有資金時，不論當時價位是高或低，都會進場買一些部位。原因是什麼？除了我真的很不準之外（哈），更重要的是體認到手上的部位不夠多，即使比特幣漲到 10 萬美金又如何？能依靠這些部位提早退休嗎？ 2021 年，我的總投資還有 6 倍報酬率，2022 年底只剩下 3 倍，心情亦無太多波動，因為我的部位還不夠大，比起渴望比特幣迅速飆漲，更希望它能給我多一點時間，好買進更多的單位。

加密貨幣投資策略

　　投資加密貨幣的基本概念與傳統金融投資並無太大差異。然而，如果把投資股票或期貨的習慣帶進來，可能會極端苦惱，非常不習慣。首先，加密貨幣市場 24 小時全年無休，沒有所謂的開盤、收盤；它既不像台指期貨，只需要盯盤 5 個小時，也不像美股看 6.5 小時即可。如果 24 小時都在盯盤，人生大概便跟著葬送了。其次，加密貨幣市場的波動極大，前一分鐘還風平浪靜，下一分鐘可能就暴漲狂跌。伊隆・馬斯克（Elon Musk）在推特上不過放 1 枚比特幣的圖標，一個字都沒寫，就可以讓比特幣瞬間暴漲將近 20%。相對的，美國財政部長葉倫發表一席「比特幣高度投機、低效率」的說法，也因此讓比特幣迎來「史上最大單日暴跌」。

　　面對加密貨幣的高度波動性及全天候交易市場的特性，殺進殺出肯定讓你撞得頭破血流。

我整理出幾個市場上被普遍驗證過有效的投資法，這些方法特別適合沒有時間看盤的保守投資人，用對投資策略，便能將風險降至最低。

▶ Grid 網格交易法

網格交易法又有人稱之為「漁網交易」。概念上，就像漁夫捕魚時張開漁網，在漁網所及範圍內捕魚的技巧。此法來自於信息論之父香農（Claude Shannon）。1940 年代，香農提出一個交易系統：「拿出資金的 50% 購買一檔股票，當股價上漲一定幅度便賣出，下跌則買進。但始終要保持手頭資金與股票市值的比例為 1：1。」這就是網格交易的原型，除了因應股票價格的隨機走勢，也很適合用在波動大的加密貨幣市場賺取波段利潤。

我們可以參考 P.206，假設每一格子表示 5% 的漲跌，漲即賣、跌即置，B1 買進的部位，上漲 5% 後賣出。接著價格回跌，因此接連買進了 B2、B3、B4；當價格由 B4 的位置反彈 5%，會先賣出 B4，接著再漲，再賣 B3。此時就

只剩下一個 B2 的部位還在手上。

由於事先對投資標的設定上下目標價格，只要股價觸及這些價格，便紀律性地買進或賣出，以此降低人為判斷的干擾。你只需要設定網格的參數：價格上限、下限、網格數量。

最簡單的方式是參考歷史最高價與最低價，假設最高價 100，最低價 50，每一格的距離設定為 5%，即為設置了 10 個格子（當然，也可以細分為 50 格，每一格的距離即縮小為 1%）。

啟動網格之後，系統會根據總投資金額除以網格數量，自動以預設價格開啟買賣訂單。為了鎖定利潤，網格設定的價格是高於當前市價的限價賣單，及價格低於當前市價的限價買單。當設定網格範圍內的價格波動越劇烈，獲利也越高。

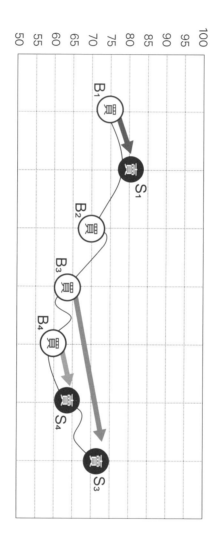

Grid 網格交易風險分析 ─────────

優勢

❶ 利用行情的波動在網格區間內低買高賣，可以使投資人合理控制部位。

❷ 避免追漲殺跌。下跌時，進行分批買入，上漲時，進行分批賣出。賣出價永遠高於買入，擁有較強的抗風險能力。

❸ 在橫盤波動時確保獲利，不需要預測市場走勢。

風險

❶ 如果一路跌破最低價，會出現明顯虧損，必須自行停損。

❷ 如果突破最高價，此時基本部位大概已經賣光了，如果這個時候有一波大多頭的話，我們的收益也就受限了。

❸ 資金使用效率可能不佳。萬一市場的波動不大，沒有明顯的上漲或下跌，我們可能有許多資金暫時閒置，無法利用。

▶ HODL 囤幣法

HODL 的發音類似 HOLD，就是持有的意思，也是幣圈內的「行話」。起因是 2013 年比特幣對話論壇上，一位名為 GameKyuubi 的會員發表了一篇文章「I AM HODLING」。顯然他喝醉了，文章中充斥著錯字與粗話，但不影響他想表達的觀點：「儘管比特幣才發生了嚴重下跌，但我還是要繼續持有比特幣。」

從此之後，這個拼寫錯誤的術語便在幣圈流行起來。當一個人說他正在 HODLING，就表示他相信自己持有的幣總有一天會賺到錢。「HODL」也因此有了新的意涵：Hold on for dear life（拚命持有）。

然而 HODL 會得到幸福，可能不是對所有人都適用。2015 年美國網路論壇 Reddit 上，有一名暱稱為 hubbyhelp123 的鄉民在感情版上發文，自述其老公（化名約翰）自從 2013 年認識了比特幣之後，就開始每週買幣，當年價格一度漲破 1,000 美金，約翰信心滿滿地預言「2014 年會大豐收」。只不過事與願違，2015 年比特幣開始暴跌，最低只

剩下 200 美金，損失高達 22,000 美金；然而約翰還是信心滿滿，甚至動用了兩人的旅遊基金，繼續加碼抄底。原 PO 形容老公就像是「被洗腦」，幾乎要「摧毀掉她的工作和幸福」，最後決定抽離一陣子，所以已經搬進飯店。底下留言的風向幾乎是一面倒，要她趕緊離婚。

我們不確定原 PO 最後的決定為何，但回推約翰所擁有的比特幣大約有 22 枚左右，現今市價已經高達 110 萬美金，漲幅超過 5000%。這就是 HODL 的威力。

HODL 囤幣法風險分析

優勢

❶ 掌握長波段技術紅利，隨著加密貨幣技術成熟、普及應用之後，相關幣種將產生技術紅利。如同網路普及之後，相關的網路服務公司股價均同步大漲。

❷ 避免追高殺低，將持有加密貨幣當作「存股」，在「囤幣」的過程中，還可以透過 DeFi 等新工具來創造穩定利息收益。

風險

❶ 遇見多頭牛市，沒有獲利了結，利潤轉頭空。

❷ 在空頭熊市時，需要有足夠堅強的心理素質，才能夠挺得過去。

▶ DCA 平均成本法

提到 DCA 平均成本法，可能會覺得陌生，但換一個名字大家就熟悉了——「定期定額」。透過定期購買相等數量的資產，來降低進出場點對投資績效的影響。由於加密貨幣的價格波動劇烈，很難說當下價位到底算便宜還是貴，透過平均成本法，可以降低在錯誤時間下注的風險（因為即使投資標的正確，只要時機不正確，便會讓你在過程中備受折磨）。

舉例來說，假設有 1 萬美金要投資比特幣，可將 1 萬美金分成 100 個 100 元。每天不論價格如何，都購買 100 美金的比特幣，如此一來便把價格風險平均分攤到將近 3 個月。當然，平均成本法並不能完全消除風險，只能夠大幅降低不當時機的風險。同樣地，當我們想要獲利出場，也可以將投資分成幾等份，當接近目標價即分批出售，也可以減輕不恰當時機出售的風險。

當馬斯克喊出未來要在火星使用加密貨幣的口號，你是否也默默想著：「我才買不起比特幣呢……」對此，

LikeCoin 創辦人高重建有著不一樣的想法。他指出，很多人自以為買不起比特幣，其實是犯了用地球思考火星的錯誤，在地球（股票市場）得要備好 30 幾萬美金，方能買一檔波克夏（Berkshire Hathaway）股票；但在火星（加密貨幣市場）1 枚比特幣可以分成 1 億份，那才是真正的最小單位，稱為 Satoshi（聰）。加密貨幣雖然報價用 1 枚為單位，但不需一枚一枚交易，大可以只花 100 元買入比特幣，也不會有任何問題。

對於定期定額投資加密貨幣，高重建認為：「來到火星，資產沒有一手或一股的概念，切得如微塵般細小都可以，這個特色與定期定額買入更是絕配。」

我在 2017 年牛市瘋狂的時期，以小金額投入以太幣，從此踏進幣圈。一開始賺到一點小錢，可是隨後下跌時，自以為聰明地去接刀，接到手斷掉，狠跌 80%。

2019 年 5 月，重整旗鼓，投資金額加大，但改以 DCA 定期定額，開始「只進不出」的投資，才慢慢走出 2018 年的低谷。

我從 7,000 美金開始入手比特幣，隨後漲到 12,000 美金，又再掉回 7,000 美金。而定期定額的好處，在這個過程中充分得到驗證。幣託科技執行長鄭光泰曾經表示，加密貨幣暴漲暴跌的特性，讓很多人無法抱牢賺取全波段的漲勢，不妨以「定期定額」投資法，才能不受價格暴漲暴跌走勢的影響。

DCA 平均成本法風險分析 ────────

優勢

❶ 分散投入的價位，同時也分散了投資的價格風險。

❷ 小金額也能投資，用小錢開啟你的第一筆加密貨幣體驗。

❸ 不受行情波動影響，分批投入，當價格出現「微笑曲線」時，相同的投入金額就能夠為你創造更好的投資收益。

風險

❶ 投入資金需有長期規劃，如果在價格下跌時剛好沒有資金可以投入，將影響投資的成效。

❷ 隨著定期定額投入的總部位變大，後來每一次的投入對平均價的影響會逐漸下降，定期定額攤平風險的能力會降低。

❸ 當價格走勢一路往牛市飛奔時，定期定額的投資績效將不如單筆投入。

▶ 馬丁策略

馬丁策略，也被稱為馬丁格爾策略，是一種常用於賭博和金融市場的投資策略。其核心理念是在每次虧損後加大投資，以便在下一次獲利時彌補前面的虧損。想像一下，在一場「公平」的賭博中，你下注 5 英鎊，正面贏 10 英鎊，反面則一無所獲，如果贏了，你可以獲得 5 英鎊的利潤；如果輸了，你應該在第二輪拋硬幣時押上 10 英鎊。在第二輪中如果贏了，你將獲得 20 英鎊，收回你在遊戲中投入的 15 英鎊（第一次投擲的 5 英鎊 ＋ 第二次投擲的 10 英鎊），並將獲得 5 英鎊的利潤。如果你又輸了，你就重複這個策略，每次輸了就加倍下注。幾個世紀以來，這個遊戲一直吸引著統計學家和賭徒，其悖論就在於它兩個看似不相容的屬性。如果玩遊戲的時間夠長，這個遊戲肯定是有利可圖，當你最終獲利時，你將能夠彌補之前的所有虧損，並獲得額外的利潤。這種策略的主要目標是確保你最終總是獲得利潤，無論你需要進行多少次交易。

馬丁策略舉例

賭博局數	押注金額 （英鎊）	投資結果	本局盈虧 （英鎊）	合計盈虧 （英鎊）
一	5	輸	-5	-5
二	10	贏	20	20-5-10=5

下注兩倍金額　　　　　　　由虧轉盈

　　實務上，操作馬丁策略，為了控制風險，我並不會在每次下跌時都翻倍加碼，相對的，操作的重點在於推測可能下跌的幅度有多少，以作為資金分配的依據。舉以太幣為例，我在一個盤整的行情當中，保守推測以太幣可能的下跌幅度最多是 30%，因此在設定策略時，初始部位可能只佔我總投資金額的 10%，其餘的 90% 將分割成 30 份，每份資金 3%，在每次下跌 1% 的時候承接。如果全體持倉部位的獲利達 2% 就停利出場。如果持續下跌，就持續買進，當作逢低加碼。直到所有的資金用盡。

馬丁策略說明 ────────────────

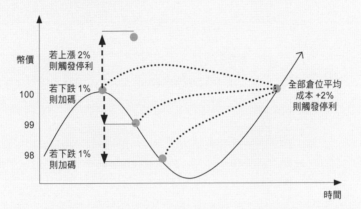

※ 假設總投資金額 10,000 元，先投入 10%；預設幣價
為 100 元；上漲停利點為 2%；下跌加碼點為 1%。

第一次投資金額：10,000 元 ×10%=**1,000** 元

加碼資金：（10,000 元 -1,000 元）÷30=**300** 元

起漲劇本：上漲 **2%=102** 元，即獲利了結

下跌劇本：下跌 **1**%=**99** 元，即加碼 300 元

再下跌 **1**%=**98** 元，再加碼 300 元

投入金額：
1,000 元 +300 元 +300 元 =1,600 元

獲得股數：
（1,000 元 ÷100）+（300 元 ÷99）+
（300 元 ÷98）≒ 16.09

全部倉位平均成本：
1,600 元 ÷16.09 ≒ **99.44**

回漲至「平均成本 2%」：
99.44×1.02=**101.4**，即停利出場

相比於一次投入全部的資金，使用馬丁策略來購買現貨加密貨幣，可以發揮逢低布局的優勢。用剛剛以太幣的案例為例：如果全部加碼的資金都用盡，投入的成本，相較於不使用策略，單筆投入，成本要低了 15%。雖然還是被套牢，但相比之下，虧損的幅度要小得多。而且，以太幣在盤整的過程中，我可以小部位的參與，如果部位有上漲，也能直接停利。在多數的情況下，我持有大量的 USDT、小量的以太幣，這可以讓我的整體部位的波動程度下降很多。

然而，馬丁策略也存在一定的風險。首先，這種策略需要預先設定足夠的資金來支持連續的虧損。如果你的資金不足，那麼你可能無法繼續加大投資，從而無法彌補虧損。其次，這種策略假設市場最終將會反轉，但這並不總是真的。在一些情況下，市場可能會持續下跌，導致我們無法獲得利潤。

◤◢ 馬丁策略 風險分析 ────────

優勢

❶ 利用行情的波動分批建倉,降低成本。

❷ 避免追漲殺跌。下跌時,進行分批買入,上漲時,達停利點一次全部停利後再重新小部位投入。賣出價永遠高於買入。擁有較強的抗風險能力。

❸ 在橫盤波動時確保獲利,不需要預測市場走勢。

風險

❶ 熊市來臨的跌幅依然可能跌出預設範圍,將會出現明顯虧損。只能自行停損或改為長抱。

❷ 初期持有部位低,如果加密貨幣呈現大多頭的話,實際獲利的金額將會遠低於直接持有現貨。

❸ 資金使用效率不佳。萬一市場的波動不大,沒有明顯上漲或下跌,我們可能有 90% 資金是暫時閒置著,沒有利用到。

▶ 熊市也持續投資加密貨幣嗎？

到了熊市的時候，各種概念和主題都「不靈」了，這個時候，資金會重新關注那些有價值的藍籌標的，所以在熊市中，就要做價值投資。很多幣圈人在熊市的時候，會喪失信心，這很正常。但真正的高手一定是穿越牛熊的，即使在熊市中，只要有好的交易策略，依然可以幫助你在行情來臨的時候，獲得更好的收益。

簡而言之，熊市中最重要招數，就是依然至少有 30% 的部位持有大哥（比特幣）、二哥（以太幣）做底倉（所謂底倉就是基本盤，長期持有的組合）；再者，則是找機會高出低進；最後，一定要進行定期定額。

除了以上三個策略之外，想要在熊市中不虧錢，甚至還有些額外的收益，需要把握這樣一些重要的原則。例如：

1、控制資金與籌碼比例

在熊市的多數時間裡，保持空倉或輕倉，平時不輕易搶反彈。理由是熊市不言底，尤其是熊市初期的每次反彈，賣出都是正確的。多看少動，才能躲避風險，保留大量現金，也就保留了希望，保住了真正抄底的火種。以2022年的熊市為例，從高點算下來也是七成的跌幅，已經沒有任何策略能夠守得住。因此在日線觀察到比特幣跌破年線200日線之後，必須果斷離場。這是我在2021年下殺時獲得的寶貴經驗。即使少賺很多也要清理戰場，將小幣清倉，僅留下大哥、二哥，同時保留七成的現金。

2、遠離中心化交易所，撤回一切有固定收益的產品

大型熊市發生的時候，中心化交易所容易發生資不抵債的事件，務必將大部分的資金轉移到錢包。2018年底熊市末端銀行業緊縮與Bitfinex業務往來引發投資人恐慌。而2022年FTX倒台的事件，大家也都還記憶猶新。除了從中心化交易所撤回資金，在去中心化的各種固定收益類型的產品也容易受到流動性緊縮的衝擊，而出現危機。例

如 Terra 鏈的 UST，雖然系統崩潰的原因可能不是單一事件，但肯定跟行情走弱、資金短缺、無法尋得新資金挹注有關，因此各類型的商品也要儘快撤離。

3、春江水暖鴨先知

靜待市場轉趨熱絡的訊號出現，這點最為困難，畢竟市場落底的過程會伴隨著大量的雜音，有持續的負面消息持續傳出，整體市場的成交量也會降到谷底，可能只有高點時的 15 ～ 20%，且無法斷定行情正式展開，以便我們採取更積極的作為。此時，我們可以留意「迷因幣」的消息，迷因就是行情走出低谷的訊號。在久違了低迷之後，我們會發現市場上誕生了新的迷因，而且迅速地吸引了大家的目光，它的成交量迅速放大，而且價格也會翻倍上漲。上一個牛市，狗狗幣 DOGE 是先發，這次的牛市則是在 2023 年 5 月的 PEPE，可以說迷因幣是先知行情回溫的那隻鴨，也可以說「牛市起於迷因，也終結於迷因」。

稅不稅？預做準備

　　現在越來越多人開始投資加密貨幣，國際間的監管規範也日益明確。有個問題逐漸浮上檯面——交易加密貨幣要繳稅嗎？如果要繳稅，又該怎麼繳？

　　有看過網友說應該計入「海外所得」，這是錯誤的。那麼國稅局的見解又是如何呢？

　　首先，必須正名，類似比特幣這類屬性的「加密貨幣」，在台灣常見的名稱有數位代幣、數位貨幣、虛擬貨幣或虛擬通貨等，金融監督管理委員會在 108 年 7 月 3 日以函令（金管證發字第 1080321164 號釋令），明定「具有證券性質的虛擬通貨之要件」。換句話說，台灣官方正式用語訂定為——「虛擬通貨」，因此接下來先以「虛擬通貨」來描述比特幣之類的「數字貨幣」。

▶ 台灣政府如何認定？

由於官方將虛擬通貨劃分為三大類，包含支付工具、數位商品與證券型，目前只有證券型代幣（STO）有主管機關（金管會），支付工具、數位商品則未定案。

假設你跟我一樣是個買比特幣的「韭菜」，那麼，買賣比特幣究竟該依據哪一類來課稅呢？依據《中央銀行法》第 13 條第 1 項規定：「中華民國貨幣，由本行發行之。」因此央行認為虛擬通貨在我國境內不具法償效力，充其量只是加密資產，而非貨幣。目前世界各國對於此類虛擬通貨，日本、歐盟歸類為支付工具；新加坡則定義為數位商品（勞務）。目前看國稅局的說法，比較偏向將虛擬通貨認定為「支付工具」。

1、營業稅：虛擬通貨可能維持免課營業稅

在營業稅的部分，若向我國境內無固定營業場所之事業購買被認定為支付工具之虛擬通貨，不在營業稅課徵範圍。換個好理解的說法，我去便利超商買麥香紅茶，屬於

營業稅課徵範圍，因此超商發票上的售價已經包含了營業稅，由於營業稅只針對「境內銷售商品或勞務」。「支付工具」交易的是媒介而非貨物或勞務，因此比較像是「美金換匯新台幣」，而買賣美金即使達到 8 萬元以上，國稅局也不會比照營業稅規定：每月銷售貨物 8 萬元或勞務 4 萬元以上、要求民眾登記稅籍。長期來說，虛擬通貨可能維持免課營業稅。

2、個人所得稅：視為「財產交易所得」課徵所得稅

　　針對虛擬通貨買賣人則會課徵所得稅，因台灣的虛擬通貨交易所採實名制，國稅局在查核案件時會要求平台商·提供單一自然人或法人全年度交易資訊，計算其所得並課稅。但特別說明，目前平台商並未主動彙整所有交易人年度交易資訊給國稅局（現在這條魚還太小了，不值得國稅局花時間）。至於所得稅該如何計算呢？如同剛剛舉的買賣美金的案例，如果買賣過程中有匯兌交易所得，將視為

「財產交易所得」[27] 類型課徵所得稅。

　　我們可以參考國稅局針對外匯課稅的實例說明：王先生在 106 年間以新台幣 1,500 萬元向銀行兌購美金，辦理定期存款，於 107 年間到期，將美金本息全數結售，換回新台幣 1,575 萬元，增加了 75 萬元。這其中，屬於定期存款利息收入 30 萬元，銀行依法辦理扣繳申報，王先生也併入當年度各類所得辦理 107 年度綜合所得稅結算申報；另外 45 萬元則屬於美金買賣匯差產生之匯兌利得，王先生誤以為這筆費用不用申報，經稽徵機關以漏報該筆所得而補稅處罰。

---

27 財產交易所得：以出售時之成交價額減除取得成本及相關費用後之餘額為所得額；如有匯兌損失，得自當年度財產交易所得中扣除，當年度無財產交易所得可資扣除，或扣除不足者，得自以後 3 年度之財產交易所得扣除。

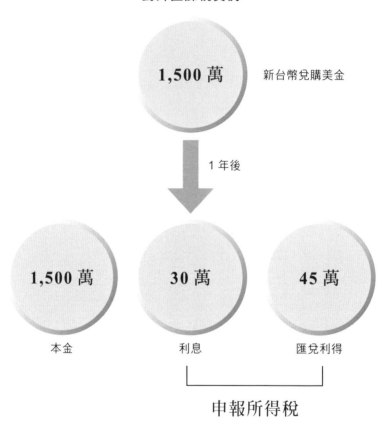

對外匯課稅實例

1,500 萬   新台幣兌購美金

1 年後

1,500 萬   30 萬   45 萬

本金   利息   匯兌利得

申報所得稅

由於各種 DeFi 或數位交易所發行的「××寶」，雖然形式上很像存款，可以領利息，但並非屬於所得稅法中儲蓄投資特別扣除額的範圍，因此如果有「利息」，並沒有27 萬元的扣除額。

至於礦工部分，比照個人交易方式，只要虛擬通貨被認定為支付工具，免課營業稅，也不用登記稅籍，只要申報賣出虛擬通貨的所得即可。

另外，財政部目前已針對虛擬通貨平台商課徵營業稅、所得稅。在台灣主流的交易所，包含 MAX 交易所、幣託 BitoPro 都是被課稅的對象。

最後，再說明一下證券型與數位商品虛擬通貨的定義：證券型虛擬通貨（STO），按照金管會的函令，是指具有證券性質的虛擬通貨，運用密碼學及分散式帳本技術或其他類似技術，透過數位方式儲存、交換或移轉的價值，同時具有市場流通性。這類虛擬通貨，未來會比照證券交易課稅，證交稅稅率 0.1％，證所稅目前停徵。

而數位商品虛擬通貨，則以換取發行人之商品或服務目的，性質很類似禮券。但是經濟部依據《消保法》發布的「零售業等商品（服務）禮券定型化契約應記載及不得記載事項」規定，零售業者若發行禮券，其款項必須先辦理履約保證，因此官方態度可能不會將數位商品虛擬通貨當作禮券。交易者如果是自然人，且非經常買賣虛擬通貨，同樣屬於財產交易所得，或一時貿易所得。

心態正確，哪裡都安全

　　什麼投資最安全穩當，獲利又高？很多人可能首選會說是房地產。看起來似乎也是這樣沒錯，畢竟台灣房價是一直持續在上漲。但我永遠記得一個經典的案例，一位曾經身價40億新台幣的旅遊業大亨，卻因為投資房地產，在一個房地產多頭的年代，賠掉所有的資產，連同葬送自己的婚姻。我說的，就是前天喜旅行社的創辦人郭正利先生。郭正利一生可以說是大起大落，卻因投資房地產失利欠下龐大債務，加上旅行社也因為擴張太快資金週轉不靈。2015年11月被媒體捕捉到的畫面是他放下大老闆身段，到市場擺攤賣麻油雞麵線，連續遭逢逆境最後因病驟逝，令人不勝唏噓！這個故事也就告訴我們沒有真正安全穩當的投資，各種投資都必須要有正確的認識，並同時抱持正確的投資心態來操作。加密貨幣常被說是一個高風險的投資工具，我在公開場合也一律這麼說，這是為了避免

有人因為片面的資訊衝動投資，結果造成虧損。但心態正確，投資什麼產品都是安全的。只是適不適合你而已。

▶ 先理財，才有投資

許多理財的新手小白一想到要開始學投資，總是會感到手足無措，輪番上演內心小劇場：

「我身上也沒多少錢，等有錢再說吧！」

「我完全不懂投資啊！學會投資再開始。」

「我又不會投資，虧錢了，還被別人笑。」

其實不需要等到學會理財之後，才開始理財。事實上，理財的基本動作，只有三個步驟，簡單重複這幾個動作，每次逐步加深動作的難度，就能夠讓你的理財功力更上一層樓。

行動 1. 認識理財

為了快速建立你的理財概念，可在腦中先建立一個「水庫模型」：

1、建立水庫：住在山上的你，為自己蓋了一個水庫，但因為蒸發或日常使用，儲水自然地減少，只好每天辛苦地從山下提水、加水。此外，水庫堤防不太穩固，所以每當地震、颱風來襲你都會感到憂心。

2、鑿建水井：為了減緩擔憂，你心想能不能鑿個水井，讓井裡的水自然流進水庫，就可以輕鬆一點了。

這個水庫模型當中，每天提水就是你的工作收入，水庫耗水代表你的日常支出，水井相當你的投資。如果有一天，水井自動流入水庫的水量，等同於耗水量時，就是「財富自由」了。注意到了嗎？財富自由須從「被動收入」與「支出」兩個面向組合實現，因此 F.I.R.E.（Financial Independence, Retire Early）運動的推行者，並非強調要有巨額存款，而是要過簡約節制的生活。而水庫堤防就是你的保障，因為生活難免會遭遇意外或疾病。

我也常被問到：「理財與投資有什麼差別？」從水庫模型中可看到，完整的水庫系統就是理財，而水井則是投資，水井只是整個水庫系統中的一環。在認識理財的過程當中，可以先從收入的角度開始，思考如何增加財富；也可以從支出的角度來檢視，能否存下更多錢。不管是哪一個角度，都需要先鎖定一個目標，全力去實踐，一段時間之後，若遇到瓶頸，不妨換一個路線再繼續努力。

行動 2. 完成簡單的理財動作

理解了水庫模型後，你決定立刻動手挖一個水井，該怎麼做呢？

在投資市場，你必須先開戶。若選擇加密貨幣，得先開好數位交易所的戶頭。接下來呢？「一枚以太幣相當於我兩個月的薪水，萬一賠了怎麼辦？」如果你有這個哀嚎的話，就表示這兩個月的薪水額度的曝險部位，已經超過你風險承擔的範圍。別忘了，**加密貨幣可以分割到極小單位，因此務必在你可以接受的損失額度內進行投資；也就是這筆錢即使全部損失掉，也不會影響你的生活為限。**

我非常推薦大家使用「2% 原則」與「6% 原則」。也就是設定交易的損失在你總資金的 2% 以內。例如你所有可以投資的總投資部位，包含你的股票、基金等有 50 萬，那麼「2% 原則」就是告訴你，交易的虧損額度是 1 萬元。因此，你購買加密貨幣的額度就是 1 萬（是的，我確實是假設你會賠光這全部的錢）。而「6% 原則」則是告訴你，如果投資的過程中出現連續的虧損，你或許會試著再加碼，但最多不應該超過總投資部位的 6%，也就是 3 萬。

　　除了用小金額開始試單外，也可以思考如何增加收入。諾貝爾和平獎得獎者、小微金融發起人穆罕默德・尤努斯（Muhammad Yunus）說：「每一個人都是企業家。當人類還是穴居動物時，人人都是自雇職業者……自己尋找食物，自己養活自己。」

　　工業化讓我們忘記自己原本是企業家，但隨著斜槓青年的覺醒，也漸漸改變了這個狀況。英國 Bankrate 的數據顯示，平均每 4 個千禧一代當中，就有 1 人有副業或主業之外的斜槓身分；而 25% 的千禧一代表示，副業每月帶來至少 500 美金的收入。然而，斜槓並不是要求你成為最辛

苦的忙碌者，而是意味著身兼不同的任務，讓你從工作中獲得滿足和前進的動力。斜槓生活的美好在於「選擇權」在你手上，日復一日提水上山的路途中，不妨花點時間想想，自己的這口井該怎麼挖？

行動 3. 明確理財偏好，精準學習

Dcard 上有一名台南女學生，大四就存到了 100 萬。她不住家裡，也沒跟父母拿錢，靠著打工、獎學金，還有省錢計畫，順利存到人生第一桶金。她過人的毅力和執行力，讓我忍不住羨慕。然而，順著貼文往下方看留言時，卻發現網友們並不關心原 PO 如何完成夢想，反而充斥著各種酸。

你可以關上學習的窗口，選擇懷疑或是否定她；也可以選擇相信，從她的分享中找到借鑑之處，為自己留一扇求知的門。

投資工具種類繁多，可以找尋最適合自己的深入研究。多數人覺得買股票才是投資，但若你的風險屬性低，還是可以選擇債券型基金。相對的，當你想研究債券型基金時，若在討論區上發問，免不了又是一陣酸：

「基金公司管理費收這麼多，冤大頭嗎？」

「隨便一根漲停板就 10% 了，怎麼會想做債券基金？」

此時，比起向酸民發問，不如去閱讀相關書籍，或找專業部落客、臉書粉專請教，才能有效率地掌握一門特定的學問。

那麼下一個問題就是：應該花多少精神在投資上呢？

對理財小白來說，經濟基礎並不穩固，口袋掏出來的就那麼點錢，遠遠不足以靠著投資一夕致富；反過來說，我們最重要的資產就是自己！若能理解這一點，便是真正掌握了彎道超車的精髓。

假設你的月薪 3 萬，手邊有 10 萬可做投資，定存利率
1%，不妨可以這樣看：

我的身價
月薪 30,000 元

= 年薪 **360,000** ÷12 個月

閒置金額

= **100,000** 元 ×1%

兩個數字一比就很明確，36 萬和 10 萬哪一個更值得
你花時間呢？誰都會選擇把精力投資在價值 36 萬的自己身
上吧。把 10 萬當成學費，透過實戰找到自己的理財偏好，
不是為了賺錢而盲從和跟風，而是刻意培養技能。

總結來看，在人生的不同階段，思考「什麼是理財」
的時候，每個階段的重心也會不同。因此，每個階段你必
須去實驗與大膽嘗試，從四大區塊「工作收入」、「投資／
副業收入」、「支出」、「風險保障」，去深入學習。

▶ 月薪 3 萬，也能累積出月薪 25 萬的資產

曾有一篇文章在社群上引爆討論，大意是說，他鄰居月薪有 25 萬，雖然能夠有些小小的奢侈，譬如說喝星巴克不眨眼，或出門只搭計程車等等。但月薪 25 萬有 25 萬的辛苦，月薪 3 萬也有同樣的辛苦，「對於快樂與否的感受度」差別其實不大。最終，只有你再也不用賺錢，也能以自己熱愛的方式生活；或是能無後顧之憂地做自己喜歡的事情，才是真正的奢侈。換句話說，似乎 25 萬與 3 萬的差異不大，重點是能夠找到自己的快樂。乍聽之下，似乎有點白日夢的味道。

25 萬與 3 萬的故事，讓我們看到人生有各種的不公平，出生的家庭背景不公平，天生的智商才能不公平，簡單來說，有些人就是天生運氣好。唯一公平的是「時間」，時間帶來的「複利」——也就是利滾利，大牛生小牛，小牛再生小小牛，是每個人都可能擁有的機會。

假設 25 萬月薪小張或 3 萬月薪小王都能存下薪水的三分之一（分別是 8.3 萬與 1 萬），但小張忙得只能放定存，

利息為 1%；而小王找到一個 20% 年化報酬率的投資工具，20 年之後，他們兩人的財富分別會是 2,201 萬以及 2,240 萬，月薪 3 萬的小王順利實現超車了。

　　當然真實世界中，不會有長時間指數級成長，真實世界裡的成長軌跡，比較像一條 S 型曲線，如同數學家所說的「邏輯函數」。一開始，成長曲線平緩上升，過了一個時間點，成長頓時加速，這條線變得陡峭；再過一陣子，成長會漸漸趨緩，曲線再度停滯。

邏輯函數

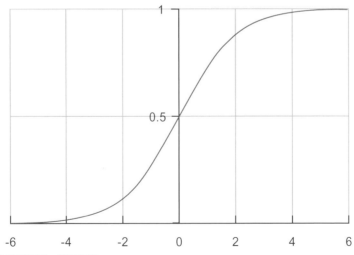

※ 資料來源：維基百科

如果你跟我一樣，希望有天能賺到 25 萬月薪，你需要的是尋找投資機會，只不過千萬別建構在虛幻的複利身上，想要錢滾錢必須下功夫，並且嘗試冒險。要抓緊一支飆股實在太難，我們能做的是掌握一個產業或是大趨勢。舉例來說，2009 年台灣房地產市場開始出現明顯加溫的徵兆，當時若要賺到錢，就得勇敢去借錢貸款買房子。

　　當然，房地產的時代過去了（我覺得啦！至少不像十年前那麼好賺），接下來，我注意到區塊鏈技術，將會改變未來的許多面向，而且這個生態正在野蠻生長，種種亂象之下蘊藏著無窮的機會，想要彎道超車便不能不開始關注，深入了解。

▶ 投資必勝的法門

　　很久之前，我還在寫程式交易的時候，經常在討論區看到類似討論：如何尋找投資的聖杯？

　　白話一點講，大家想知道有沒有一個神奇的市場密技，透過重複相同的模式便能發大財。經過一段時間的嘗

試，單就程式交易而言，答案是否定的，沒有一支程式可以完美覆蓋各種變化的市場情境。某些能夠掌握波段行情的程式，遇到市場狹幅震盪時，就會遭遇「多空雙巴」[28]，而且很難判斷盤整的時間有多長，程式便無用武之地。從另一個角度看，某些能夠在震盪區間走勢中獲利的程式，則會在長波段行情過早出場，導致獲利不如預期。

既然聖杯不存在，我們還討論什麼呢？我想說的是，就程式交易的角度，或許一支完美的程式並不存在，但如果從更廣義的面向看，聖杯則確實存在。

法門 1. 遵循自己獨特的方法

關於聖杯有一個有趣的神話，據說上帝和撒旦在天堂進行一場戰爭，保持中立的天使們把聖杯放在兩者中間，久而久之，這塊停戰區變成了一片廢墟。神話學家約瑟夫·坎貝爾（Joseph Campbell）認為這片廢墟象徵著大部

---

28 多空雙巴：意即上漲時做多就跌，下跌後做空又漲，來回兩次都虧損，就像被打兩次耳光一樣。

分人所過的生活，我們通常隨波逐流，做著別人說該做的事，欠缺尋找自我的勇氣，把日子過成廢墟；而發現聖杯則代表了找到逃離廢墟之路，自由地過上自己選擇的生活，並實現靈魂最大的潛能。

許多人相信投資市場存在某種神奇的攻略，而且只有少數人知道這些密技，因此，這些信徒為了致富，堅持不懈地尋找獲利攻略，可是沒有人知道神祕的「香格里拉」藏在哪兒，尋找的路線往往與祕境背道而馳。走錯路並非有人刻意誤導，相反的，他們是被自身的渴望引入歧途，這從他們常提的問題中可見端倪：

「我現在買什麼才會賺？」

「我手上有 ×× 幣，你覺得它們會漲嗎？」

他們喜歡不斷向旁人徵求建議（甚至包括鄰居或同事），而不是透過思考設計出適合自己的投資方法；並且有一種強烈的渴望，希望自己每次下單都會賺錢，因此相信有一套「正確」的選股法則，每次進場都十拿九穩。然而，真正的財富往往是經由審慎的買賣來實現，其中包含了停損的設計，以及忍受上漲時急於獲利了結的心情。

《金融怪傑》作者傑克‧史瓦格（Jack Schwager）採訪了大量的市場奇才，發現所有成功的交易員都具備了一個最重要的特點——找到了適合自己的系統或方法。人云亦云的散戶雖可能在一波牛市中獲利，但總的來說，大多時間是虧錢的；相反的，擁有一套邏輯清楚的操作方法，並且持續行動的投資人，賺錢的機率通常很高。

思考並設計一套適合自己的投資系統，遵循自己獨特的方法，是尋找聖杯的第一步。

以我自己為例，在投資過程中逐漸意識到：我並不習慣當一個價值投資者，價值投資者的奧義，對我來說並不適用；相對的，我喜歡順勢交易，也就是趨勢投資者，操作動能投資，在上漲的過程中持續加碼，但許多人無法克服追高的心理障礙，我的方法對他們並不適用。

法門 2. 了解人性的弱點

那什麼是「適合自己的投資方案」呢？

成功投資書籍大多給的不是什麼投資法，而是「了解人性」，也有人說是「行為金融學」。是人就會有人性，但

「人性」往往是致富之道上的磕絆，舉例來說，大多數成功的專業投資人是透過嚴格控制風險獲利，但一般人看好一個標的時，往往會傾向於重押，唯有意識到自我控制的重要性，才能做出有悖人性的選擇；此外，你以為成功投資人下注的準確度很高，但經過統計，實際上只有 35%～50% 的勝率，之所以成功並非每次都押中對的股票，而是因為賺錢的部位遠遠大於賠錢。巴菲特有云：「在別人恐懼的時候貪婪。」便是透過了解人性而致富的經典明證，做別人不敢做的事，在別人瞻前顧後時買進，耐心等待正確的投資機會。

了解人性的弱點，掌握自我控制的能力，便是尋找聖杯的第二步。 如果你願意持續練習，對抗人性的貪婪跟恐懼，距離找到投資聖杯也不會太遠了。

法門 3. 長期穩定進行規律交易

接著，我們從另一個角度來討論成功交易的關鍵要素：投資心理、資金管理及交易系統。大多數人都強調交易系統，而忽視了其他兩個領域。但事實上投資心理才是最重

要的要素（大概占 60%），其次是資金管理，也就是投資部位的控管（大概占 30%），而交易系統是最不重要的（只占約 10%）。沒聽錯，即使你單單「Buy and Hold」，買了前十大市值的加密貨幣擺著，時間久了也是會賺到錢，根本不需要來回折騰。

有些人只需要兩條均線便能賺錢，一條 20 日均線 EMA，一條 60 日均線 EMA，當 20EMA 由下往上穿過 60EMA 就買進，相反的情況則賣出。這個交易系統簡單到不行，執行應該沒有難度。但過程中，我們可能偶然聽到隔壁同事說了些小道消息，便沒有按照規則進出，成為傷害系統的起因。怎麼說呢？若因此賠錢倒還好，下次你便會乖乖照規則持續操作，強化系統的長遠運作；要是賺錢了呢？可能使你對系統失去信心，開始不按牌理出牌，導致系統崩潰。

進一步來看，當你每一次買賣加密貨幣，有時候是聽了某些專家大老的建議，有時候是上論壇去看網友討論，如此一來，你所接收到的強化效果並非單一的刺激來源，學習過程將變得更複雜，在彼此無法驗證的情況下，不但

無法從中得到訓練，還會陷於危險的混亂之中。

市場上有太多的變數，萬一道聽塗說之下還能賺到錢，這種經驗可能會反客為主，讓交易變得很像賭博，久而久之，不管買賣的是加密貨幣、股票，或是債券，都只會離投資聖杯越來越遠。**掌握聖杯的最後一步，也是最困難的一步，就是規律交易，不要輕易破壞原則**，便能一步步邁向屬於你的香格里拉。

▶ 不靠運氣，靠勝率

我搭高鐵的時候，看到隔壁座位的年輕男生拿著一本書，書名吸引了我的目光——《祕密》。那是熱銷十幾年的經典之作，全書討論了一件事：「吸引力法則」。當你處在某種心理狀態中，它便會帶你不自覺地去尋找符合自身狀態的環境和事物，也就是正能量會帶來好運氣，負能量則會帶來壞運氣。

換句話說，正向的心理狀態能讓你心想事成，想要的都會來到你身邊。具體方法則是靠想像，持續不斷、信心

堅定地想像。這也是人們常說的「向宇宙下訂單」。

首先，你可以先洗個熱水澡，讓心情放鬆，然後開始想像自己渴望的那樣東西，比如一台特斯拉，可以想想特斯拉 Model S 是什麼顏色，得到這台車後會是什麼樣的生活，越仔細越好。你必須「堅信」自己能夠得到，向宇宙發願，用想像把它吸引過來；接著，想像已經得到了特斯拉，並且向宇宙表示感謝；過一段時間，特斯拉便會來到你身邊。

好，我看到你翻白眼了，吸引力法則到底有用沒用，暫時先不討論，但是我們身邊很多人或多或少相信著類似的東西。舉例來說，剛當上證券營業員的時候，前輩們跟我說：「你現在沒有客戶，做業務會很辛苦，所以要把『夢想』具體化，例如賺到獎金以後，想四處去玩，那就把想去的景點圖片剪成海報；或是想買房子，就把心目中的夢幻之屋放在電腦桌面上，天天看。」透過這些具體的激勵，正向加強動力，越來越拚命賺錢。

然而，心理學家透過實驗發現，「正能量」的想像非但沒有幫助，還可能帶來「副作用」。他們將一群正準備

考試的學生分成了三組，其中一組是正能量組，每天花幾分鐘時間想像自己已經準備好考試了，並幻想通過測驗後要如何去慶祝；第二組則是每天花幾分鐘想像自己在哪裡準備考試，讀哪些科目；第三組則是對照組，完全不做想像，該怎麼準備就怎麼準備。考試結果出爐，正能量組的成績最差，同時他們準備的時間也最少；成績最好的是第二組，他們每天想像自己如何準備考試，發揮了自我提示的效果，促使自己花更多時間去備考；第三組的成績則介於中間。

由此可證，「白日夢」能否成真，和你怎麼做夢有關。如果只想像最終美好的大結局，得到的自我暗示會是：我已經得到，不需要再努力了；相反的，**不想結果，而去想像「過程」，把每一個細節想得清清楚楚，就有可能美夢成真**。

因此，光是想像自己靠投資已經財富自由的「結果」，不但對你沒有幫助，反而有副作用。因為你既然這麼厲害，自然不需要研究公司的基本面，也不需要風險控管，All in 就可以了；但若是每天花一點時間，想像自己如

何「一步步」邁向財富自由，少喝一杯星巴克，多看一本理財書，就能從一個小動作開始前進。

找到高勝率系統

我們知道單做白日夢沒有用，但又有多少人空等著運氣降臨，期待好事從天而降？我們都知道「運氣」和「機率」息息相關，機率極高、每個人都能拿到的好處，不會被稱之為「好運」。然而，同樣是極低機率才會碰到的事件，算是運氣「好」或「不好」，卻有很大的解讀偏差。

例如有一位網友曾在《爆怨公社》貼出自己於火鍋店拿到的發票，竟然和特別獎 1,000 萬獎金只差最後一號，或許就是後面排隊的那位阿伯中獎了，遇上機率這麼低的事件，網友紛紛說他運氣不好；但同樣是機率極低的事件，重大災難中出現了少數倖存者，我們卻會說他是「大難不死，必有後福」。從機率來說，兩者都是極少數的狀態，一個卻被認為是壞運氣、另一個則是好運氣。

加密貨幣交易所的出現，提升了交易量和加密貨幣的能見度，大大加速了產業的發展。因此傳統金融領域的工

具也紛紛被引入，甚至由於監管較為寬鬆，玩法還更多。就像有的人會交易加密貨幣「合約」，相當於期貨的概念，而一般期貨的槓桿倍數是固定的，但是加密貨幣合約可以操作的槓桿倍數卻很靈活，從不帶槓桿到百倍槓桿都有。因此，賭徒性格在這個市場中被充分點燃，大家都願意賭一把，相信自己就是那個好運的人。

然而「十賭九輸」這句話是有道理的，用賭博心態在加密貨幣市場當中殺進殺出，機率是公平的，好運氣很快就會煙消雲散。

當我們投資加密貨幣時，**有些人看到一次性的輸贏，投資高手卻是看到一個系統的機率。只要一個系統合理，長期來看，就會贏。**早些年，台灣還沒有真正脫貧的年代，當時有些家長們本身沒讀什麼書，一心一意要讓小孩多念書，後來果真孩子們學業有成，出社會有好工作，順利讓家裡的環境好轉。有人稱之為「歹竹出好筍」，但其實是投資在教育系統上，而且這個系統的勝率極高。

換個角度想，當你選擇幾支主流幣來 HODL，有錢時或低點時就多買一些，一來降低了單幣投資的風險，二來

透過長時間持有分散價格波動風險，三來不短進短出，降低了交易成本。當你選擇了一個勝率高的系統，幸運之神自然會站在你這邊。

▶ 加密貨幣避險法門：資產配置

先前我常在社群上看到有老師常常叫大家「歐印（All in）」，從資訊論可知，如果猜錯了，這樣的損失將非常巨大，而且無法彌補。然而，另一類投資人非常謹慎，患得患失，過分防範各種可能性是否也會造成損失呢？從損失函數可證實的確會有損失，沒有根據的隨意猜測，雖然比「歐印」損失少，但其實成本也是很高的。

那到底該怎麼做才好呢？這要說到資產配置的重點概念——**「資產配置是為了避免損失，而非創造收益。」**

資產配置無法創造額外收益，也不能讓你穩穩地賺，唯一的功能就是減少損失。因此，許多人不斷尋找最佳配置，試圖將損失降為零。但實務上來說，不管如何回測或修正模型，資產配置只能減少損失。除非你完全猜對，只

是這機率少之又少。

　　所以身為投資人，千萬不要以為完成資產配置，遇到股災也能毫髮無傷；更不要因為做了資產配置還賠錢，便完全不管配置，導致無可挽回的重大損失。真正的最佳化配置，是避免無意義的過度分散，使得成本浪費。

　　回到加密貨幣的投資上，市面上競品多如繁星，要怎麼找到「下一個比特幣」？這就好像在問「下一檔台積電是誰」一樣，每個人都想問，卻沒人知道。

　　若我們追逐過去績效最好的加密貨幣團隊，或是明星項目經理人，通常是最差的投資策略。假設我們把資質好、管理好的團隊當成是有才能的人，天才般的好團隊同樣很少，所以公司未來的獲利表現，很大程度會遵循 80 ／ 20 法則。而且，眼下賺錢的加密貨幣團隊未必是最有才能的團隊，可能只是運氣好到爆。

　　不管是做哪一種投資，財報顯示的好成績都是「過去」，不管過去是怎麼優秀，未來還是得持續受到運氣的考驗。

　　那麼若你不想賭運氣，該怎麼做呢？

與其問下一個竄紅幣在哪，不如投資「一個指數」、「一個大盤」，這幾年股市很紅的 ETF 就是這個概念，永遠都投資在市場資優生的前 50 名、前 100 名身上。

將這個邏輯轉換到加密貨幣上，不需要糾結投哪一枚幣，而是去投一個產業。在這個日益茁壯的產業裡，最好的投資方式就是去買一個大盤。當某支加密貨幣還很小，占指數的成分低，此時你投資的部位就小；當團隊的運氣好，獲利增加、幣價拉提、規模變大，投資部位自然放大；萬一團隊運氣真的很差，市值不斷縮小，指數自會告訴你：可以把這枚幣移出投資組合了。即使最後它成了壁紙，也與你無關。

雖然加密貨幣目前並不像股市，有現成的指數型 ETF 供人買賣，但我會依據各幣市值自組一個投資組合，購買前 8 大加密貨幣，每 3 個月對照市值比例，再做加減碼。即使不是買在最低市值，仍會是安穩的選擇。

後記

如何在彎道取勝？

在傳統金融領域，大家應該看過不少存股高手，例如網路上人稱「兆豐王」的劉大俠，或是「樂活大叔」施昇輝，存股的概念早已耳熟能詳，這些人都是從十幾年前便開始了人生的存股計畫，堅持了 10 年、15 年才開花結果。

我一直思考，十幾年前他們到底經歷了什麼，讓他們願意抱著股票不放（當時還沒有存股這個名詞）。當時許多菜籃族同樣投入股票市場，為什麼存股大叔成功了，菜籃族們還繼續在券商看盤撿菜？

▶ 制定人生戰略

投資理財的地雷不少，但最後我想談這個影響最為關鍵的誤區，那些達成人生財富目標的贏家，背後其實有一個大家忽略的重點：制定人生戰略！

理財是來服務你的人生，欠缺清晰的人生戰略，做出來的理財規劃註定失敗。就好像一艘沒有舵的船，必定會迷失在汪洋大海之中。這也是為什麼許多人想投資賺大錢，但是跟著人云亦云地操作，往往下場便是不了了之。

若我已經 50、60 歲了，還需要人生戰略嗎？這個答案是肯定的，不管你現在幾歲，都需要為自己擬定人生戰略，並且隨著年紀增長，約莫 5 ～ 10 年得調整一次。決定人生戰略後，接下來便是訂定年度目標，例如每一年要投入多少本金，創造出多少利潤的投資組合，列出明確計畫，實際執行後還要追蹤進度，如果不如預期，得找出原因並想辦法改善。

▶ 我的財富彎道

我在 2025 年之前的人生戰略——是將理財教育的影響力從金融從業人員，輻射擴散到一般大眾。追蹤的目標則包含了臉書追蹤人數、Podcast 收聽人數等。加密貨幣不僅作為我重要的資產配置，也是我實現人生戰略目標的核心

工具。此外，我要再一次強調，投資工具應該要為你的人生服務，不要為了投資搞壞跟家人的關係，或是干擾日常作息、影響健康。

我並非最早進入幣圈的人，也算不上操作神準。但是「幣圈一天，人間一年」，加密貨幣讓我在財富彎道實現超車，重點不僅僅在於高波動與高報酬，而是實際操作之下，讓我發現過去的投資迷思。在券商一邊整理剛剛市場買來的菜、一邊看盤的阿姨可能會說：「我十幾年前也有買台積電啊，當時一股才 50 塊。」她有想著財富自由嗎？她的理財行為與人生戰略一致嗎？有設定計畫並實際執行嗎？恐怕是沒有。

十年後回頭看比特幣，或許難以預測是另一支台積電、還是宏達電？但宏達電的殞落並不影響智慧型手持裝置產業的爆發。因此，即便投資市場的變數一如既往地跌宕起伏，但是掌握金融變局、設定人生戰略，鎖定高潛力加密貨幣產業，才能真正讓你實現財富彎道超車。

國家圖書館出版品預行編目（CIP）資料

錢進加密貨幣【創富新編版】：手上的一顆
幣，未來價值是多少？／楊比爾（楊書銘）
作 . -- 初版 . -- 臺北市：三采文化股份有
限公司，2024.07
　　面；　公分 . --（iRICH）
ISBN 978-626-358-395-5（平裝）

1.CST：電子貨幣　2.CST：電子商務

563.146　　　　　　　113005273

◎封面圖片提供：
Marynova.Sensvector.Tun_Thanakorn.
Net Vector / Shutterstock.com

suncolor 三采文化

iRICH 40

錢進加密貨幣【創富新編版】
手上的一顆幣，未來價值是多少？

作者｜楊比爾（楊書銘）
編輯四部 總編輯｜王曉雯　　執行編輯｜袁沅
美術主編｜藍秀婷　　封面設計｜兒日設計
內頁編排｜中原造像股份有限公司　　校對｜黃志誠

發行人｜張輝明　　總編輯長｜曾雅青　　發行所｜三采文化股份有限公司
地址｜台北市內湖區瑞光路 513 巷 33 號 8 樓
傳訊｜TEL：886-(02)-8797-1234　　網址｜www.suncolor.com.tw
郵政劃撥｜帳號：14319060　　戶名：三采文化股份有限公司
本版發行｜2024 年 7 月 5 日　　定價｜NT$450

₿

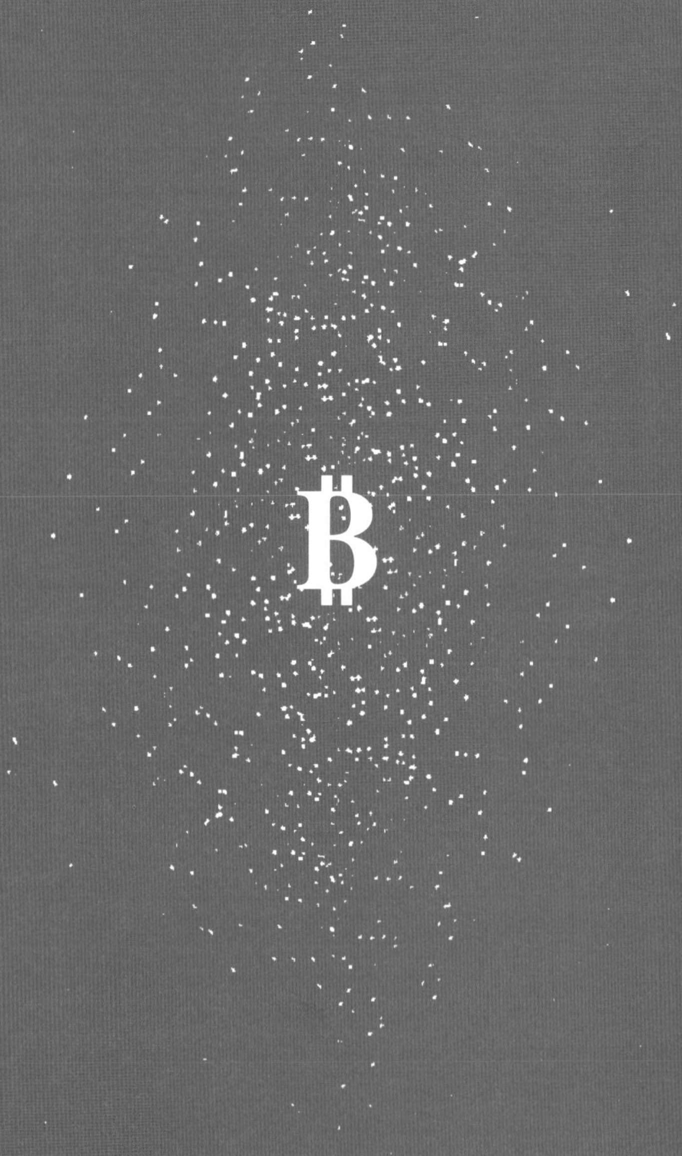